U0523721

让孩子在大自然中成长

[德] 赫伯特·伦茨-博尔斯特尔
Herbert Renz-Polster

[德] 格拉尔德·胡特尔 ———— 著
Gerald Hüther

魏萍 ———— 译

Wie Kinder Heute Wachsen
Natur als Entwicklungsraum
Ein neuer Blick auf das kindliche Lernen,
Fühlen und Denken

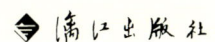

漓江出版社
·桂林·

版登号：20-2024-154

© 2022 Beltz Verlag in the publishing group Beltz · Weinheim Basel Simplified Chinese Edition licensed through Flieder-Verlag GmbH, Germany

图书在版编目（CIP）数据

让孩子在大自然中成长 /（德）赫伯特·伦茨-博尔斯特尔，（德）格拉尔德·胡特尔著；魏萍译. — 桂林：漓江出版社，2024.10. — ISBN 978-7-5801-0020-7

Ⅰ. G40-02；G78

中国国家版本馆 CIP 数据核字第 2024L6D608 号

让孩子在大自然中成长
RANG HAIZI ZAI DAZIRAN ZHONG CHENGZHANG

[德] 赫伯特·伦茨-博尔斯特尔、[德] 格拉尔德·胡特尔　著
魏萍　译

出 版 人：刘迪才
策划编辑：杨　静
责任编辑：林培秋
装帧设计：周泽云
责任监印：黄菲菲

出版发行：漓江出版社有限公司
社址：广西桂林市南环路 22 号
邮编：541002
发行电话：010-65699511　0773-2583322
传真：010-85891290　0773-2582200
邮购热线：0773-2582200
网址：www.lijiangbooks.com
微信公众号：lijiangpress

印制：北京中科印刷有限公司
开本：880 mm×1230 mm　1/32
印张：9　字数：210 千字
版次：2024 年 10 月第 1 版
印次：2024 年 10 月第 1 次印刷
书号：ISBN 978-7-5801-0020-7
定价：66.00 元

漓江版图书：版权所有，侵权必究
漓江版图书：如有印装质量问题，可随时与工厂调换

目录

	大自然——然后呢?	1
Chapter 1	成长,自上而下地观察	001
	思维之窗:亲密关系	019
Chapter 2	大自然中的宝藏	027
	思维之窗:全身心投入	070
Chapter 3	大自然与健康	075
	思维之窗:慢下来	090

| Chapter 4 | 我们为什么拒绝这个提议？ | 095 |
| | 思维之窗：同理心 | 108 |

| Chapter 5 | 室内活动，电脑和儿童游戏 | 113 |
| | 思维之窗：耐心 | 176 |

| Chapter 6 | 大自然危险吗？ | 181 |
| | 思维之窗：信任 | 203 |

| Chapter 7 | 通往大自然之路 | 209 |
| | 思维之窗：正念 | 239 |

Chapter 8	在一个受到威胁的世界中寻找自然经验	
	——我们能从新冠疫情中学到什么	245
	思维之窗：毅力	255

致谢 259

尾注与参考文献 260

大自然——然后呢？

我们两个人一起写了一本关于大自然的书。①我们想让大家知道，大自然对于孩子来说有多么重要。

但是大自然有多么美妙，还会有人不知道吗？这是众所周知的事情。没人会不享受溯溪，没人会想在室内度过自己的假期。大海、森林、群山，正在召唤我们。大自然会让我们得到放松，让我们的精神愉悦！

这本书原本可以是这样的：美丽的插图，有趣而富有启发的故事，孩子们在大自然中的经历——在大自然中，他们看起来多么生机勃勃！

然而我们这本书并非如此。开篇第一章是《成长，自上而下地观察》，然后是儿童的发展——是什么激发和引导孩子成长，也是之后几章的主线。在这本书中，我们思考的是大自然和孩子的成长

---

① 两个人分工如下：一个（赫伯特·伦茨-博尔斯特尔）为这本书设置了一条主线，也就是本书的主体部分；另一个（格拉尔德·胡特尔）在每一章的结尾开了一扇窗，读者透过这扇窗可以看得更深刻一些，当然也能思考得更深。

之间的关系。

因为对于孩子来说，大自然不仅仅是日常生活中的美好附加品。它不只是一个能够放松的空间，也不只是一个给自己充电或宣泄情绪的地方。

对于孩子来说，大自然就像健康的膳食一样必不可少。这是代代延续的儿童成长空间。在这里，孩子们会找到四个对于他们的成长而言无可替代的源泉：自由、直接性、抗挫能力和亲密关系。这些将成为他们今后生活的基石。

在这本书中，我们描述了获取这些源泉的方法——既适用当下，也适用于未来的世界。

Chapter 1

成长,自上而下地观察

> 天使的视野里,树木的冠顶或许是树根,畅饮着天空。
> ——赖内·玛丽亚·里尔克

从里尔克的视角来观察我们的孩子，没有什么比这更合适的了。以一种鸟瞰的、自上而下的视角，同时又是自下而上地，从根源上去看。

电影快动作中的童年

人类幼崽的成长道路很奇特。他们出生的时候非常稚嫩，甚至可以说，得完全依赖别人的护理。我们就拿小马驹来做对比吧。小马驹在出生后不久就可以跟在妈妈身后走路，虽然有些笨拙，但确实可以独立行走了。而刚出生的人类幼崽却连头都还抬不起来（还会无休止地大哭），之后至少一年时间都必须被人抱着、推着、哄睡。我们可以说，这有点让人失望。无论如何，这对于父母来说是个极其艰巨的任务！在一个孩子能够照顾自己之前，父母将消耗130亿卡路里热量[1]——每天都会透支。这个数据是可靠的。

但是，孩子长大后，完全独立了，就要去完成人生的必修课了，这门课既充满暴力又如童话般美好。长大了的小马驹在草地上转圈圈就能得到满足，但是长大了的人类幼崽却会制造更锋利的石制手斧、更新的自行车，创作新的舞蹈、新的歌曲、新的金融产品，种植玫瑰或者写关于"玫瑰与歌"的诗。新想法会源源不断地出现，还有新发明、好的模仿和东施效颦之作、野心和投机、欺骗……大幕已经拉上，舞台上的戏剧还在继续。

简而言之，人不是简简单单地变成人，而是变成了一个文化产物，并且每个人都拥有自己独特的生活艺术。他和其他人一起继续生命的旅行，通往未知和不确定。一匹马的一生是什么样的，我们可以想象。但是一个儿童长到了50岁的时候会过着什么样的生活，我们却无从知晓，更不用说他为自己布置的舞台会长什么样了。

玫瑰，哦，纯粹的矛盾，欲
为无人之沉眠，在重重叠叠的
眼帘下。

——赖内·玛丽亚·里尔克

人类的儿童是如何做到这些的呢？出生时已经筋疲力尽，一直陷于困境，然后启程动身踏上一条从未走过的路——每个人以各自特有的方式。孩子们从哪里获得的力量，他们的装备又来自何方呢？尤其是他们的指南针，来自哪里呢？

儿童如何为自己的人生做准备？

提出这个问题，也是需要人生阅历的。因为人生路上真的有很多巨大的障碍。我们需要假设，儿童的成长是一帆风顺的。

心理分析学说的创始人弗洛伊德曾经假设，儿童的成长是阶段性的成熟，在此期间他们首先是受到自己的性本能的驱使，这就是弗洛伊德著名的"性心理发展"阶段。

20世纪中叶，人们开始相信驯化的力量。他们认为儿童的成长是奖励与惩罚的产物。"给我一打健康的婴儿……我保证能把他们培养成各行业的专家——医生、律师、艺术家……嗯，甚至还有乞丐和小偷……"² 行为主义最卓越的代表人物约翰·布鲁德斯·华生如是说。20世纪末，教育的全方位照料时代终于来了。儿童将会变成什么样，完全由榜样和成年人的参与来决定。父母开始把自己全部的精力都投入其中，尽自己所能成为孩子们成长的好导师。是的，他们把自己塑造成了老师、教练或啦啦队员，并且随即又陷入恐惧：如果我投入不够多怎么办？如果我自己状态不好怎么办？如果我没选对方法怎么办？

创造力的秘密

无论这些理论的初衷多好，多么完善，它们都忽略了儿童发展的核心问题。上述理论中没有一个能够解释儿童成长道路的独特性——他们自发地以各自独特的方式踏入一片属于自己的新天地。儿童的成长将他们带入了一片崭新的天地，没人曾经涉足这里——没有任何一位家长，任何一位资助者，任何一位榜样。

让我们一起回顾一下过去的60年，结束电影快动作似的浏览方式。在过去60年之初，我们听到一个声音——披头士乐队痛苦的欢呼声，这个声音前无古人。几年之后，花童①登上了历史舞

---

① 花童，20世纪60年代美国旧金山嬉皮运动的参与者，他们自称"Flowern People"或"Flower Children"，亦即"花童"。

台。他们带来了关于生活、关于世界和我们应该于此做些什么的全新思想，包括新的价值观、新的生活模式。1967年：花朵的力量。1969：伍德斯托克。那些一开始属于青少年的、几乎孩童般行为怪异的反叛，后来渐渐混入更加广阔的社会中——环境保护运动、生态运动、和平运动。在技术领域，我们的快速浏览之旅也有些混乱：20世纪50年代第一颗人造卫星，20世纪70年代第一台私人电脑，不久之后又出现了因特网，接下来是脸书和苹果手机。

所有这些技术革新，并没有引领我们成为满头灰发的人，比如专家或者达官贵人，反而，让我们成了儿童。至少在法律意义上，这些发明家、运动者和革新者中的大多数，事实上都是少年儿童！披头士乐队成立的时候，成员们都还不用刮胡子呢。花童们当时也还乳臭未干——毕竟他们叫花"童"。而那些技术革新者呢？比尔·盖茨上中学时就已经开始从事计算机编程，可以说是童工了；马克·扎克伯格，脸书的发明者和创建者，在有了自己的公司以后，下了班还不能喝啤酒呢！

这就又要回到我们要谈的话题：这些新的思想灵感是怎么出现的？

重新审视榜样

这时我们——尤其是父母——很快就能想到，伟人的榜样力量！好的教育！我们给孩子们设定的教育的标准！

但是这对吗？比如我们都知道，披头士乐队成员的父母们大多数都能玩转无线电收音机，但也仅此而已。而这些新的生活方式的"发明者"呢？他们的思想肯定不是从父母那里抄袭来的，相反，他们的父母很可能一边摇头一边不知所措地看着他们。

那些技术革新者终究也要自己走自己的路。是的，他们有榜样，肯定也得到过父母的支持。但是他们的父母可能是律师、教师或者医生，这场电子炼金术的最终阶段还是孩子们自己的事。

现在，教育学在谈及榜样这个话题的时候也变得谨慎了。因为，无数的观察[3]，以及使用新方法的实验——比如眼神交流自动评估法——都表明了，榜样力量的发挥也要靠儿童自己的主动性。他们只有在某些特定条件下才会接受别人提供给他们的榜样。一般来说，榜样需要以下两个条件：第一，存在一种有效的关系；第二，必须在"情感上拥有积极的内涵"。也就是说，只有当成为榜样的人对于他们正在做的事也是真的相信并且为之欢欣鼓舞的，这些行为才能被儿童铭记在心。只有这样，画面才能变成榜样。毕竟，有些闷闷不乐的大人，很明显在为自己所选择的人生之路痛苦，那么，孩子又为什么要以他们为榜样呢？

例如，桌子上摆着美味的蔬菜，但如果妈妈一边吃这些绿色的东西，一边皱起眉头，那么孩子是肯定不会吃它们的。"妈妈看起来这副表情"，孩子也许这样想，"盘子里这玩意儿肯定有问题……"这时候，如果孩子的哥哥或者姐姐很开心地在吃这些蔬菜，那么他也会尝试一下的。在吃东西这件事上，孩子是不会伪装的。

总的来说，我们作为父母并不是榜样，只有当我们在做我们真正喜欢做的事情的时候才是。[4]

没有盲目的模仿

儿童不会盲目地模仿大人。他们会观察，并且按照自己的想法做事。之后他们就行动了，并且喜欢朝着自己设想的方向。这个方向有可能和大人指引的方向一致，但不是必须一致。

这将引导我们进入也许是儿童成长心理学中最有趣的一章：儿童选择自己道路的自由源自何方？

海因里希·冯·克莱斯特曾经深入地思考过教育中榜样的作用，他在论文和随笔中这样写道："高尚的品行如果没有更深的基础，而仅仅是因为父亲或母亲做出了榜样，或者因为某位家庭教师

或者法国小姐的劝告,那么它看起来将会非常糟糕!儿童不是任由我们的双手捏出各种造型的蜂蜡,他们是活生生的,是自由的;他们的内心拥有独立的、独特的成长能力,以及所有塑造内心的样式。"[5]

第一张帆:自我效能感[6]

如今我们知道,儿童通往新领地的航行需要两张帆。第一张帆,我们称之为前帆,在儿童出生后的最初几天就已经有了。如果我们在一个婴儿出生后几天把一根绳子的一端绑在他的小脚丫上,另一端系在婴儿床上方的玩具上,那么用不了多久婴儿就能知道,怎么让上方的玩具动起来。通过对婴儿身体反应的监测,我们可以知道他非常兴奋。凭借自身的力量参与到周围环境的活动中来,这让他很开心。令人吃惊的是,这种认知还相当新。在几十年前,婴儿还被视为"蔬菜",人们认为,只要提供足够的营养,他们就能得到满足。与此相反,现在我们把婴儿看作是主动的设计师——他们想要参与到世界中,并且从一出生就开始了。

这同样适用于他们的人际关系。在这个方面,孩子也想要自己起作用,参与到这项成长中最重要的财富的塑造过程中来。例如,大人抱起婴儿这个简单过程:小小人儿并不是随随便便就被抱起来了,而是通常被抱在我们的左边,他的眼睛距离我们大约25厘米。[7](我们偏爱左边,一般来说和是不是左撇子或者抱孩子的人的心跳没关系,而是与大脑有关。[8])

这个看似简单的抱孩子的动作是由谁掌控的呢？如今我们知道了，这其实是一个受双方控制的过程。是的，实际上这一过程可以被称为走钢丝表演。婴儿让自己参与到被抱起的过程中，通过身体的张力，通过腿部的运动和声音的表达（如果他觉得自己不舒服，那么他发出的声音也许会变成哭声）。

婴儿在此类活动中寻求主动权，并不是为了消磨时间。他们想要让自己发挥作用的欲望可以说是他们成长的基础。他们必须能够进行有效的交流，这样才能让别人知道他们的需求；而且他们还要探索周围的世界，参与到世界中，研究每一颗小石头。正是这些经历让他们培养了各种能力，锻炼各种感官，以及整个身体的协调性。他们正是通过这种对于自主的渴望来学习的。

但是，并不是每一个孩子对于自主的渴望都能得到充分的满足。只有当儿童充满安全感的时候[9]，也就是说，只有生活在一种可靠的、可信的、感情细腻的人际关系中时，他们探索世界的欲望才能变得主动起来。那些生活在压力中，无法从人际关系中获得安全感的婴儿，是无法开启自己的探索之旅的——这也许是过去几十年中人际关系研究[10]所得出的最有意思的结论。

那些对世界充满信任的儿童，会毫不犹豫地开始他们的探索之旅。父母以为，安全的港湾会使孩子沉溺于父母的怀抱，停滞不前，而事实完全相反，父母提供的幸福港湾仅仅是孩子出发的起点和停泊的驿站，他们会精力充沛地再出发，与世界相遇。

第二张帆：自我组织

第二张帆扬起的时间最晚是在儿童开始和同龄人交往的时候。这时候他们要做的是理解各种社会关系，和小伙伴一起把世界拆分，再重新拼凑在一起。

让孩子们在一起，这能行吗？当然可以了！如果我们用历史的或者比较文化学的视角来看待童年，我们会发现，童年的中期——也就是从三岁开始——就是一个和同龄人一起度过的成长阶段。当然在这个阶段，成年人仍然要为儿童提供保护和食物营养。但是此时的儿童会承担起大部分的组织任务，比如在游戏玩耍中，在对周围世界的探索中，在一切对他们来说很重要的事件中。在这个过程中，他们能够经历很多。有趣的是，现如今几乎不存在由儿童自己组织的儿童团体了。而儿童成长心理学中越来越多的证据表明，儿童的成长过程多么迫切地需要其他儿童的参与。[11]

儿童在和比自己年龄大的孩子交往的过程中，能够非常高效地学习，身体、精神、语言、情感都能更好地发展；而和比自己年龄小的孩子交往，也能带来好处：更好的共情能力，更多的社交能力和自信。

"全球教育巨星"苏伽特·米特拉用他经典的"墙中洞"[12]实验证明了，即使在现代化的、充斥着各种复杂因素的环境下，儿童自我组织是高效学习的基础这一原则依旧不过时。

1999年，这位印度科学家在德里的卡尔卡基某个贫民窟的一面墙上挖了一个洞，在这个洞里放了一台能够正常工作的电脑，包括键盘、鼠标和宽带。除此之外，他还安装了一台摄像机，用来记录这个小亭子里发生的一切。已知情况是，这台电脑潜在的使用者既不懂电脑界面显示的语言（英语），也从来没有操作过电脑。

聚集在这台新机器面前的不是成年人，而是孩子，这很好理解。但是，这些没有任何电脑知识的孩子在4个月之后就理解并熟练使用电脑中的各种应用程序（从文档到画图，再到电子邮件）了，这个事实让世人大吃一惊。之后，这个实验陆续在世界各地进行，实验中也添加了新的应用程序（例如语音识别程序，这些程序只能识别"熟练的"英语）。通过这项实验，孩子们在学习语言知识方面取得的进步比在学校中的更大。

苏伽特·米特拉[13]所做的"墙中洞"实验，其结果远远超出了传统教育学的设想，为我们描绘出一种新的协同合作的学习模式——由儿童自主地共同参与的学习。

事实上，这些实验中最有趣的发现就是，孩子们在学习中互相支持，互相鼓励。在这里，并不是由一名"教师"或者"班级第一名"站在前面向大家传授知识，而是很多孩子站在前面。他们不断尝试，讨论自己所做的事情，以及如何来解释自己的所作所为。在他们身后站着的是另一群孩子，他们观察，评论，提出建议（根据苏伽特·米特拉的论断，这些建议通常是错误的）。这个过程中很有趣的一个事是，占领"前线"的孩子会更换。根据不同的学习任务，在"前线"活跃的孩子有时候是年龄小一些的，有时候是年龄稍长的——在使用这个神奇的物件完成各种不同任务的过程中，会出现不同年龄组的优胜者。对于某些应用程序，七岁的孩子甚至比十岁的孩子理解得更快。但是，总体来说，在"理解计算机"这个项目中，所有的参与者都是靠超越年龄界限的合作顺利完成任务的。孩子们以这种方式建立起学习的桥梁，跨越成功路上的沟壑。

这也与一些著名的混龄游戏实验[14]的结果相符：不同年龄发展阶段的儿童可以互相交流，产生多方面的学习刺激，不论是年龄小一些的儿童，还是年龄稍长的儿童，都能从中获益。例如，研究表明，四岁以下儿童组不能很好地进行传接球游戏，因为扔球的孩子不太会扔，接球的孩子也不太会接。但如果一个四岁的孩子和一个八岁的孩子一起玩这个游戏，那么就会顺利很多了：八岁的孩子要接住四岁孩子扔过来的球，是一种挑战（就像守门员一样）；接住球以后，他又需要把球以四岁孩子可以接住的方式再扔出去。在语言发展方面，这种混龄游戏的组合模式也更高效。年龄较小的孩子一般是出主意的（"现在我们去月亮上吧"），年龄较大的孩子负责付诸实践，用自己的话语带领弟弟妹妹踏上语言之旅。在这个过程中，弟弟妹妹会通过上下文语境学到很多新的概念（登月舱、宇航员等）。社会学习也是类似。在一个混龄小组中，孩子们根据各自年龄的不同而交换不同的角色，从中也能学到非常多样化的社会经验。不管是年龄较大的儿童，还是年龄较小的儿童，都能学到。为儿童提供榜样、学习伙伴和游戏经验的混龄学习模式，还可以让那些生长发育落后于或者超前于同龄人的孩子受益，他们能从比他们小的或者比他们大的孩子那里找到不同的"助跑点"（一些教育学家甚至提出了这样的假想：对天才的培养、协同合作——残疾儿童和正常儿童的共同学习进步，只有在混龄小组中才能顺利进行）。现在让我们回到苏伽特·米特拉的实验。第二个有意思的点是，学习对于儿童来说是一个游戏。他们深入计算机的深层结构中，就像是在进行一场冒险障碍赛，每天都能从中获得新的发现。

苏伽特·米特拉的"墙中洞"告诉我们，看着大树的树冠——不，孩子们的头脑，我们已经询问了太久"大人能为孩子做些什么"，而现在，是时候再提出一个新问题了：儿童能为自己的成长做些什么？

在大自然所有的发展过程中，自我组织的原则好像都起了决定性的作用。我们在人类的发展过程中遇到了这个原则，这一点也不让人意外。让我们来看一下，树枝是如何从树干上长出来的，这是仿生学近来的一个研究领域。仿生学要了解的是，大自然按照什么设计原则运作，才能创造出我们在植物的树冠、根系、茎、蜘蛛网、动物骨骼、鸟类羽毛中测量到的无与伦比的稳定性和承受力。事实上，树冠中的每一根树枝都要按照周围环境要求的承受力去生长。一根瘦弱的枝丫要变得粗壮，就要不停地接收来自周围环境的信息，并把这些信息传递给它的生长结构。如此一来，这根树枝的生长就可以在预先设定边界的条件下，由它自己来组织。在树枝这个案例中，由于日照的不同，以及由重力、风或者雪的重量所产生的作用力的不同，木纤维在树枝中形成的位置和堆积的厚度也会不同。因此，每一根树枝都会有不同的生长角度、不同的厚度、不同的横截面以及不同的走向，这些共同构成了一种动态的结构，就连工程师也会叹为观止。这种自我组织的动态结构告诉我们：只有自我组织的系统才是稳定的、可持续的；只有通过自我组织，成长才能适应周围的环境。

机动灵活

让我们来总结一下，如果孩子们有安全感，能够和同龄人互相交流，他们就能为自己的成长之旅扬起两张重要的帆：

第一张帆能够让他们自主行动。它能唤醒儿童的好奇心——"新的欲望"，对新事物持续的兴趣，而这一直是学习最重要的入场券。

第二张帆让他们组织自己的成长。他们和其他儿童一起竖起这张帆，从团队中汲取成长的养料。

他们携带着这两张能让他们的生命之船变得机动灵活的帆顺风出发了。有了这艘船，他们就能到达新世界了。

成长的基础

但是，顺风不仅仅帮助儿童发现新事物和成长，还能让儿童生存下来，建立生存的基础。从某种意义上讲，我们可以把人的发展比作建房子，窗户、门、舒适的阁楼，一切都这么可爱这么漂亮。但是，如果地基不牢固，这座房子就无法给我们带来真正的快乐。

我们人类的成长也是这样。所有人最初都面临这样的挑战，不论他是海盗还是传教士，不管他生活在汉堡还是火奴鲁鲁。一方面，我们要创造新的东西；另一方面，我们还得与自己相处，消化自己的情绪。我们还要为自己设定目标，并且努力去实现它们。我们还得变得独立，而且还要和其他人相处，理解他们的情感和意图，试着融入团队。另外，我们还要学习如何面对逆境，不被挫折打倒，因为生活中并不是永远都阳光普照。

这些基本的生活能力，用专业术语来说，就叫作"创造力""执行控制力""社会能力""恢复力"，它们构成了人类发展的基础，直到今天仍是这样。如果您的孩子在国际学生评估项目（PISA-Test）中表现不错，那很好。可是，如果他还没有这些基本能力，那么这个国际学生评估项目对他来说也就没什么实际的用处。

不可教授的

现在我们知道了，上述基本能力是无法被教授的，哪怕使用再好的教学方法也不行。我们无法把社会能力教给孩子们，他们内心的强大也不是我们教育的结果。无论我们如何充满爱意地与孩子们交谈，也无法教会他们共情，哪怕我们给孩子们读一些富有教育意义的书——小熊帮助了小企鹅，小企鹅帮助了浑身是刺的小刺猬。这些最基本的能力必须由儿童在与其他人交往的日常生活中亲自经历。在这个过程中，不论是年龄比自己小的，还是年龄比自己大的孩子，都扮演了很重要的角色。孩子会在这个过程中学习如何一步步培养自己的各种能力，如何与他人相处。成年人当然也扮演了一定的角色，但是他们不是领导者，不是推动者，也不是为孩子出谋划策的人。

简而言之，儿童需要自己培养最基本的生活能力。只有在关系和谐的家庭中获得了安全感，只有被允许和其他儿童交往，真正地游戏和玩耍,他们才能扬起"成长之帆"。

"这个世界,各种作用于我们感觉器官的事物,通过千丝万缕的联系与稚嫩的儿童相遇。环绕于儿童心灵的千丝万缕之中,其中有一条,甚至是最重要最坚韧的一条,便是教育;它与其余万千相比,好似锚缆中的合股线。"

——海因里希·冯·克莱斯特

关于学习的新设想

我们可以用另一种视角来审视儿童的成长。儿童并不是简单地自己长大,也不是靠本能,而是通过某一种神奇的成熟方式。他们不是植物,不会自己长大;他们需要有人拉着他们,背着他们,激发他们内在的潜力。成长不需要落差,不论是自上而下的还是自下而上的。成长发生在一个三维的空间里,一个自我组织的系统中。在这里,成年人和儿童都扮演了一定的角色,但是不包括把孩子当作可塑的面团来对他们进行揉捏塑形的人。还有一点需要注意,那便是人与人之间的关系。只有给儿童提供和谐健康的人际关系,他们的成长才能正常进行。

这并不是说,在成长过程中遇到的老师、保护者、照料者中不存在更聪明或者更有经验、更强壮、知识更丰富的人。这些人都是存在的,并且都是很好的。但是这些能给儿童成长带来启发的人不一定非得是成年人。儿童会从成年人那里学到很多,但是有些东西他们只能从其他孩子那里学到。

这也并不意味着，不存在界限，不能说"不"或反对的话。这些都可以存在，并且完全没问题。但是界限产生于儿童们共同创造的关系中，而不是产生于权力落差中，不会因为某些教育专家经常把它挂在嘴边，它就存在了。除了界限，还有自由。

亲爱的毕业生们：

你们现在的状况非常棒，你们的父母慢慢了解了，你们会是将来为他们挑选养老院的人。你们的毕业证书能为你们打开一扇大门，找到新的前进道路，是升大学或是其他。你们现在的生活就像生物进化论学者经常提到的理论一样：像智人这样聪明且富有创造力的物种，他们的后代一定会青出于蓝而胜于蓝。我们和小猫的后代不一样，我们不能靠模仿爸爸妈妈来获得生活技能。为了获得生活技能，我们往往会创造很多新事物。

这虽然很麻烦，但也蕴藏着希望。老实说，我们智人目前并没有很成功。就目前来看，我们让地球陷入了糟糕的境地，并且尚未找到出路——在资源有限的前提下，我们该如何生存下去？恰恰是那些被我们视为"精英"的人——也许应该称之为社会败类，贪得无厌，自我迷恋，没有远见。

因此，我们可以得出结论：你们可以寻找新的榜样了。你们要做的，且正是智人的后代一直以来在做的事，那便是开辟新的道路，而不是重蹈父辈们的覆辙。若非如此，我们人类也不会驯服火了。

你们即将踏上通往新世界的旅程，这个新世界也承载着我们的希望。祝你们一切顺利！

思维之窗：亲密关系

树木需要树根，这点每个孩子都知道。小树通过深埋在土壤中的树根来吸收养分，根系越发达，小树就长得越繁茂。一棵小树只有长出庞大的根系，才能抵御狂风暴雨。

儿童也需要坚固的根系。但很显然，不是每个成年人都知道这一点，甚至很多教育学家和主管教育的政治家都不知道。他们认为，我们能看到、能测量或者计数的东西，例如树枝、树叶、果实，比埋藏在地底下的根系更重要。因此，他们全部的注意力都集中在如何让他们的孩子或者别人托付给他们来教育的孩子拥有尽可能大、尽可能多的树枝，以及五颜六色的树叶和有用的果实。儿童与陪伴他们成长的人在情感上的关系，便是儿童的根，是他们用来立足和汲取养分的途径。如果他们无法建立牢固的"根"，那么他们的树枝、树叶和果实也只是一种假象。等他们长大了，要在世界上闯荡了，一场暴风雨往往就能摧毁他们。

如果一整片森林都是这样根系不健全的树木，会怎么样呢？如果没有暴风雨，那就暂时没事。但是，从某个时刻开始，一些位置不好的树木就会开始掉树叶,开始腐烂。只有真的特别关心和了解这片森林的人才能发现这个现象。而他们警告的呼声一直被人们忽视,直到极少来这片森林的人都能一眼注意到森林的毁坏。这个时候,人们才会来测量和计数,出具一个森林毁坏报告。人们开始亡羊补牢了——播撒肥料,粉刷石灰水,这样忙碌的场面让人觉得,好像一切尽在掌控之中。这时候,专家们也出来发声了。人们竟然因为几棵快死掉的树表现得如此激动,对此,专家们非常惊讶。"有人在不适宜种植某种树木的地方种了这种树,而且还是单一种植,那么看到树木死亡就不要太惊讶嘛!我们只需要再种植一片森林就可以了!"一些专家这样说。"科学研究表明,没有森林,人类也能生存。我们根本不需要森林!"另一些专家这样说。

但是,我们需要孩子。如果孩子无法长出庞大牢固的根系,那么无所依靠的就不仅仅是孩子自身了,我们也会变得风雨飘摇,我们整个社会也会陷入危险,随时崩塌。日益增长的攻击性,极右主义思想的膨胀,都为我们敲响了警钟,提醒我们要注意儿童的依恋障碍问题,如在学校中可以看到越来越多的学习和行为障碍。这些问题早就不再仅仅是那些原生家庭有问题的儿童和青少年才会遇到的了。

现如今,儿童成长的社会关系结构越来越脆弱。在这样的世界中,儿童对自己的基本需求也缺乏理解。通常,大家缺少形成安全感所必需的条件、情感上的关怀和同理心、多方面的刺激以及恰当的边界感。因此,越来越多的儿童被迫用"以自我为中心"来抵消上述原因导致的情感上的安全感的缺失。

他们为自己建造了一个属于自己的、由自己说了算的世界，屏蔽了与他们的想象相左的外部影响和刺激。近些年来，社会上所有阶层的生活条件都很明显地越来越个性化，而这也加剧了儿童的上述倾向。

在这个"以自我为中心"的世界中，不再有真正的挑战，孩子们也无法再收获丰富的经历并保存在大脑中。对儿童大脑发育比较重要的过程也不再进行，或者仅在受到限制的情况下进行。这对于儿童的学习行为来说意味着倒退，意味着动机、理解、坚持、记忆、对各种关联的认知，以及认识和解决矛盾冲突等一系列能力的倒退。儿童退回到由自己建立的世界中，拒绝外来的思想，对自己曾经选择使用的解决方案进行攻击性的维护，缺乏共情能力，思想僵化，在获得心理社会能力的过程中遇到问题，所有这些都会决定儿童的社会行为。

人类大脑内部的神经元之间能否形成高度复杂且终身可变的连接，在一定程度上取决于先天的遗传因素。人类大脑需要最佳的发展条件，才能充分利用这些遗传基因带来的机会。

在孕晚期，胎儿的各个感觉器官已经发育成熟，大脑中相应的连接已经基本上形成，胎儿已经可以自己去感知这个世界了。他可以感受到晃动，闻到香水味，听到妈妈的心跳声和其他外界的声音，例如其他人说话的声音和音乐。如果他生活在一个充满安全感的环境中，那么一切闯进他的世界中的事物，以及他能感知到的东西，都会与安全和温暖联系起来。如果准妈妈在孕期经常遇到一些困扰，例如噪音、恐慌和压力，那么胎儿都会通过妈妈心跳的变化感知到。这些困扰还会影响准妈妈的血液循环和各种激素的分泌，导致有些孩子一出生就没有安全感。他们从出生开始就带着不安和害怕的情绪，哪怕有妈妈的照顾也不容易得到安抚；而那些在妈妈子宫内没有类似经历的孩子，在妈妈的照顾下比较容易被安抚。

每个人在出生的时候都会经历深度的恐慌和压力，那是人生中的第一次。他的生存环境发生了翻天覆地的变化，这时的他要在绝望中寻找一条出路，来改变这种源自他身体内部的失衡状态。每一个新生儿在出生后的最初几天、几周内，在这个全新的世界中可以做和必须做的事情，可以算是他目前人生中最重要的经历了。这些经历会以情感的形式深深地刻进他的大脑中，对他今后的成长产生决定性的影响。这是一种什么样的情感？"我有能力战胜我的恐慌！"怎么样才能产生这种感觉呢？这需要新生儿能够表达自己的恐慌，而且他的哭声能够被听到，然后有人（一般是妈妈）来关心他，摇一摇他，把他抱起来，跟他说话，给他温暖，安抚他。如果有人让他能一再地感受到之前他在妈妈肚子里感知到的东西，并将之和他在母体中的安全感联系到一起，那么他就能战胜自己的恐慌，重新找回他内心情感的平衡。

他通过自己的努力，在另一个人（妈妈）的帮助下战胜自己的恐慌，这个过程成功的次数越多，这种经历就会越深刻地印在他的脑子里。他相信妈妈能够给他提供安全感，与此同时他的自信也会增长。于是，这个孩子就形成了一种情感上对妈妈（或者其他主要照料者）的依赖。在今后的成长中，他不仅会从这个人身上学到一些看起来对他应对生活很重要的能力、技巧、思想和态度，而且会发展出对其他人的情感依赖，这些人通常都是对于妈妈来说很重要的，和妈妈感情很好，能给妈妈带来安全感的人。一般来说，这些人首先是爸爸，之后是祖父母、其他亲戚，以及一些和父母关系亲密的人。这些人和孩子的感情越亲密，那么他们的能力、思想和态度，也就越容易被孩子们学会，且学得更好。

这个阶段的孩子就像一颗正在发芽的种子。孩子首先要把自己的根扎进土壤里，并且让根越长越粗，越扎越深，这样才能更多地从土壤里吸收长出枝叶所需要的各种养分。在出生后的最初几年中，孩子如果有机会和尽可能多的人发展出亲密的、安全的、稳固的关系，而这些人拥有各不相同的能力、思想和态度，那么孩子就可以长出坚固庞大的根系。一颗种子能长出直根系还是须根系，这取决于它的基因。孩子如果长出能扎进土壤很深但却不够庞大的直根系，是因为他所扎根的土地上只有一个人或者几个非常相像的人；而拥有须根系的孩子，他们接触的人很多，并且富有多样性，但是这些人只提供了非常少的安全感。

为了保证树木不至于因为一场微不足道的风雨就倒下，就需要它们在沼泽地上长出尽可能深的根系，在岩石地上长出尽可能庞大的根系。儿童需要根系，这样才能保证他们不管在哪里，不论遇到什么天气，都能坚持住屹立不倒。人类文明的发源地之一——非洲有一种非常古老的智慧，只用一句话就总结了人类大脑所需要的最佳发展条件是什么，怎样才能充分利用遗传基因给我们带来的机会，让大脑拥有终身学习的能力，建立复杂的连接。这句非洲名言是这样说的："培养一个孩子，需要全村努力。"在这样的村民共同体中，孩子能够找到非常多不同的刺激和挑战，能够学习到多种多样的能力，也能在大脑中建立各种连接。在村庄里，他们能够和各类人建立起稳固安全的圈子，能感受到被保护——我在这个圈子里能受到保护，得到安全感。

这样的村庄越来越少了，在非洲也同样如此。即使还有这样的村庄，它所能提供的东西现在也不足以给孩子们提供机会，让他们获得自己迫切需要的东西——翅膀。他们生于斯，长于斯，村庄让他们长出一双翅膀，用来跨越农村的边界和局限，逃离这里。当然，翅膀也不是自己凭空长出来的。那些对自己生活的世界没有安全感的孩子，是惧怕飞翔的。拥有直根系的孩子，被牢牢地固定在土地上，无法起飞。拥有须根系的孩子，在他们的翅膀发育得足够好，能够控制飞行方向之前就起飞的话，是很容易出现危险的。

幸运的是，总是会有一些孩子，他们的根长得又深又广，能够在自己的世界中感到稳固和安全。他们不会像猴子一样紧紧抓住亲人的衣角不放，也不会总是急于证明自己什么都会了，不需要任何人来教自己做事。

这些孩子拥有下列特征：内心安宁，与自己、父母，乃至身边任何人和物都有亲密的关系。他们乐于接受一切，不论身边发生什么。他们不需要外界持续给予新的刺激，他们自己就可以对很多事物产生兴趣，他们会自己去发现和寻找。

阿斯特里德·林格伦笔下的长袜子皮皮，马克·吐温笔下的汤姆·索亚、哈克贝里·芬等，都是这样的孩子。他们也存在于当下的幼儿园和小学中，我们从他们身上能看到对生活无穷无尽的渴望。他们不仅能力比其他孩子更强，而且也更审慎和富有责任感。因为他们的根系长得好，所以那些与生俱来的才能也能更好地得到发展。

然而，没有孩子一出生就是直根系或者须根系儿童。因此，值得我们仔细观察和研究的是，一个孩子需要经历些什么，才能在世界上扎根，拥有深深的安全感，并且把这种感觉牢牢刻进大脑中。其实答案很简单，想要让儿童从世界提供给他的东西中感受到亲密关系，就必须给他机会，让他亲力亲为地用全部感觉器官去经历。在生命之初，也就是出生之前，几乎每一个孩子都已经有过相关经历了。

这些经历构成了信任不可动摇的基础，有了这种信任，儿童才能踏上人生之路。然而，大多数孩子却丢失了这种与生俱来的亲密感，及由此而生的信任感，有时候是在原生家庭中，有时候是在幼儿园中，尤其是在学校中，在和其他儿童及成年人的关系中。这种失去是无法用高科技玩具或其他替代手段来弥补的。人们只有在和有生命的事物的交往过程中才能获得这种亲密感。有些孩子很幸运，能找到一些有生命的东西，并且对他们无所求——不是在家里，不是在幼儿园里，也不是在学校里，而是在生机勃勃的大自然中。

Chapter 2

大自然中的宝藏

十天之后,
好像有一位上天派来的钢琴调音师
为他们的心灵重新调了音。

——马尔特·罗珀[1]

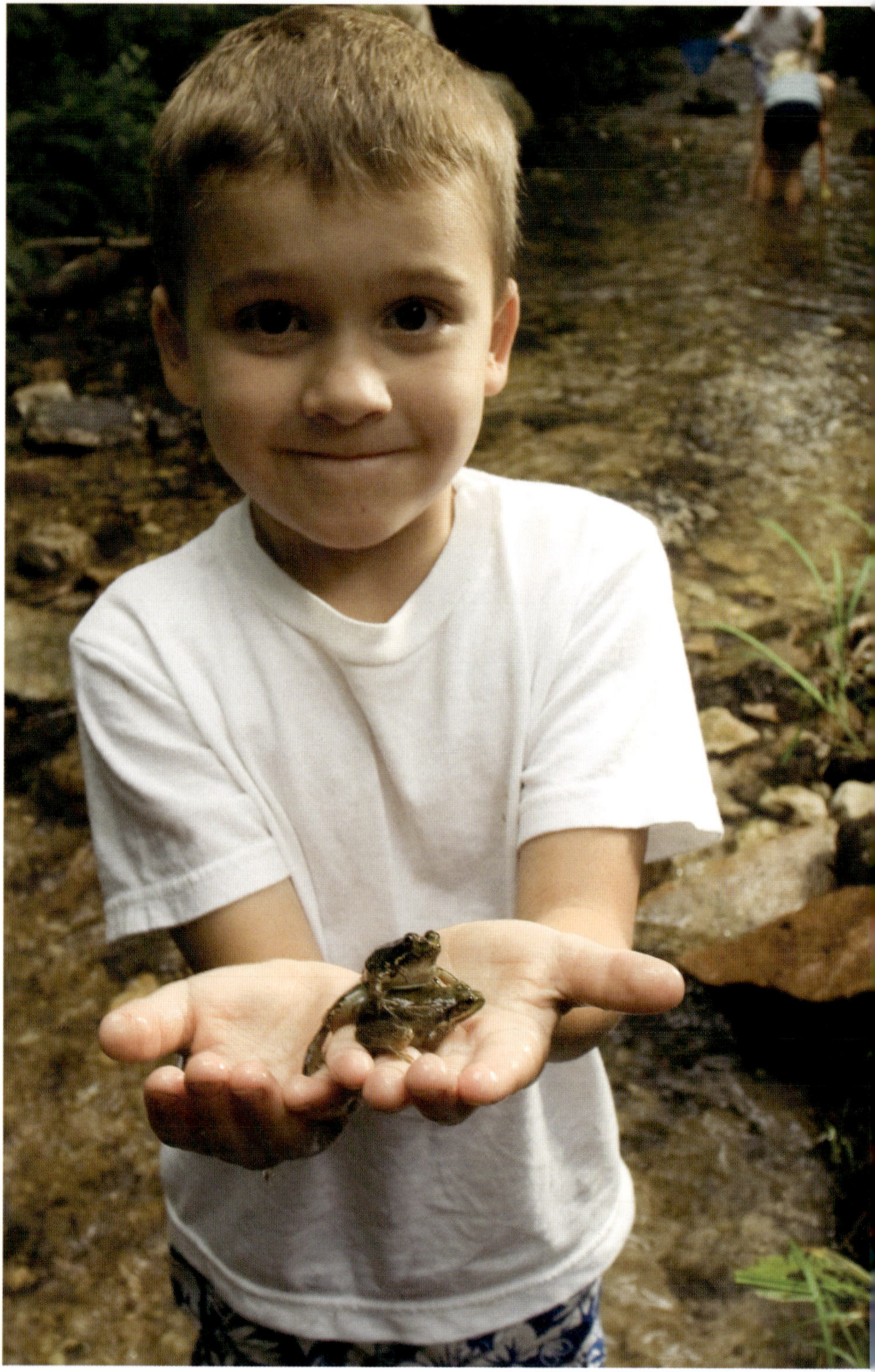

成长的基础，童年作为一个自我组织的系统进程，天使视角，这些与大自然有什么关系，对我们的孩子有什么意义？

用一句话来总结：大自然是为儿童量身定制的成长空间。大自然这个经验世界，完全是造物主按照"世界探索家"的需要来定制的。在这里，他们能够扬帆起航，因为这里有他们成长所需要的风。在这里，他们能够有所作为。在这里，他们能够自我组织。在这里，他们能够为自己建造成长的地基。在大自然中的时间就是儿童的成长时间。

这听起来有点不真实，还有点革命性，毕竟当下的趋势并不是走出去。让我们先逛一逛吧，看看大自然中都发生了什么，儿童能从中收获什么。

在大自然中？

有些读者可能会问，我们要说的是哪个大自然？是泛指所有户外区域，还是荒郊野岭，死掉的大树倒在地上也没人管的地方？如果是，那么这本书的作者们生活在哪里呢？现如今，大多数儿童都生活在城市里。想要找到树木，只能去公园；至于人造溪流，没什么用；还有一些生态玩具商店，那些木质玩具不也挺自然的吗？

大自然自古以来就是儿童的成长空间

让我们把这些问题先放一边，现在开始我们的游览。游览的第一站恐怕得从十万年前开始，因为儿童的成长模式发展到今天，不是一蹴而就的。它是一个代代相传的漫长过程，从一个发展阶段进入下一个发展阶段，每一个发展阶段形成的框架轮廓都是对儿童在历史发展中所遇到的挑战的回答，前一个发展阶段的框架轮廓是后一个发展阶段的基础。这就是进化的原则。

事实上，在人类的历史进程中，孩子们必须完善一切，从而让自己从一个不成熟的儿童成长为一个伟大的、成功的成年人。他们要学习如何应对在长大成人的过程中所遇到的一个接一个的弯道。儿童的成长就是这些有效方法的集合。这些直到今天还是儿童成长的基础。现在的儿童和几千年前的儿童一样，需要同样多的运动量才能保持健康。他们需要同样的"配料"，才能建立起原始信任。现在的儿童要立足于社会，其方法和历史上的儿童所用的没什么不同。甚至是他们那些让人讨厌的行为方式，比如婴儿时期不想一个人睡觉，幼儿时期不喜欢吃蔬菜，再到叛逆期、青春期的反叛，也都差不多。只有当我们了解了历史进程中儿童成长的环境和条件，我们才能理解上述现象。[2]

这些儿童成长的条件中始终有这样一条，那便是：在外面生活。因为我们人类在历史进程中有99%的时间都生活在经典意义上的大自然中，也就是非人造的环境中。在人类定居下来（中欧和北欧是在四千到五千年前）以前，他们的生活模式大都是狩猎和采集。

那个时候，大自然是日常生活中的一部分，不论是成年人还是儿童。大自然是日常生活的舞台。不过，这并不意味着那时不存在其他经验空间，例如篝火的世界（我们现在还会有），帐篷的世界——一个受保护的居住和休息空间，还有宗教的世界——看过洞穴中的壁画的人，会明白我的意思。但是，有一点是可以肯定的，童年的大部分时间都是在外面度过的。

从事狩猎和采集的祖先们是如何描述他们在大自然中的生活的？更确切的说法应该是：他们作为大自然的一部分是如何生活的。对此，他们并没有留下任何文字记载。我们要感谢美国科学家玛乔丽·肖斯塔克（Marjorie Shostak）[3]。她在20世纪70年代同丈夫一起前往非洲卡拉哈里沙漠，那里生活着一群人——昆人，他们是半游猎的猎人和采集者。玛乔丽·肖斯塔克在这里与他们共同生活，研究昆人的生活习性。然而肖斯塔克女士并不仅仅只是记录一些科学数据而已，她还记录了一位名字叫作妮萨的50岁女性昆人的经历。妮萨通过几次录音采访向肖斯塔克女士讲述了自己在热带原始森林中的生活经历。这些文献资料（作为图书出版时所使用的书名是《妮萨：一名昆族女子的生活与心声》）让我们有机会踏上一趟激动人心的、通往石器时代的时光之旅。虽然妮萨的生活和我们现在的生活差别很大，但是我们通过她的描述、感觉和认知，完全可以感受到，就如同与历史上一种完全不同的、异域的生命相遇。

在妮萨的讲述中，她童年时期在大自然中的生活有一个非常广阔的空间。她向我们描述道：在吃多了野生蜂蜜以后，饥渴地喝着泉水；蒙刚果有多好吃；她躺在树荫下休息；她陪着妈妈在野外采集食物，外面有数不清的小路；她和其他孩子一起把取水变成了游戏。还有很多她所熟知的知识，以及她的思维模式，都非常有趣。当然，妮萨并不会写字，很多我们现代人习以为常的事情她都不知道。尽管如此，她看上去并不是个无知的人。现如今，我们都认为，丰富的知识会为我们提供开启未知世界的钥匙。只有当知识被尽可能地挖掘出来，我们才能摆脱困苦、恐惧、疯狂。知识是无知的解毒药。

回顾历史，我们知道事情没这么简单。妮萨对自己，对人类和这个世界不知道的东西太多了！而我们虽然已经填补了知识体系中的很多空白（每一次的成功确实都值得我们庆祝），但是新的空白又会产生。也许这就是为什么拥有再多的知识都无法减轻我们对这个世界的担忧。

让我们再来看看妮萨。对于她来说，在大自然中的生活也是一种特别的探险，而且这里还有其他孩子。这就又回到我们在第一章中谈过的问题，并且又提出了新的问题。实际上，在一两代人之前，儿童的大部分时间都还是和同伴度过的，并且是以由儿童*自我组织*的团体的形式。

从进化论的角度来看，童年完全可以分为两部分。第一部分，即出生后的前三年，儿童是在照顾保护自己的成年人身边度过的。这个时期的婴幼儿被长时间地抱着，由成年人贴身照料，在游牧时期的生活条件下只能如此，没有其他选项。但是，如果妈妈再次怀孕，事情就会发生明显的变化，毕竟这个即将到来的婴儿需要父母的优先照顾，就像他的哥哥姐姐刚出生时一样。对于家中年长的孩子来说，这意味着他要进入一张新的关系网中了。他生活中其他熟悉的人变得更加重要了，这些人中当然也包括其他孩子。现在他每天要和他们一起度过的时间变得更多了。

孩子们在一起都做些什么呢？他们会使用与生俱来的学习能力，通过"比赛"获得基本的生活能力。

然而，这种比赛并非总是公平的。这些儿童中，有年龄大一些的，也有年龄小一些的，自然的儿童生存环境是混龄模式[4]。每个孩子在自己的成长过程中都曾经是小孩子，但都将会是大孩子。因此，在这种混龄模式中，他们就能学到各种不同角色的经验。他们有时候是听指令的，有时候又会变成发号指令的。从社会的角度来看，他们会学习向上生长，也会学习向下延伸。他们有时候是需要帮助的一方，有时候又会变成向别人提供帮助的一方。他们是学生，也是老师；是被领导者，也是领导者。

这真是一个丰富多彩的学习模式。进化生物学家甚至认为，如果没有这种灵活的社会化模式，游牧民族根本无法生活[5]。这个群体战斗力的基础就是"我"和"我们"之间的平衡。他们无法做到，在社会化的过程中简单粗暴地把儿童分为获胜者和失败者两类。

那么现如今呢？

我们现在可以暂时结束在大自然中的漫步了。彼时的世界早已陷落，往事随风，无人记得。我们改变了世界，以及外面的大自然。现在，孩子们的童年也焕然一新。有些孩子说，室内更好玩，"因为室内有插座"[6]。他们说得有道理。

但是呢，也没道理。因为野外生活是以某种方式隐藏在儿童的基因里。让我们来看看他们的游戏吧。当他们自由玩耍的时候，

大多数时候玩的都是非常原始的主题。比如，狩猎游戏，没有什么比棍棒更能吸引孩子了，不管是什么样子的棍子；他们还喜欢把棍棒做成弓，削成矛，或者就是一根简单但是却万能的棍子。孩子们还喜欢玩露营游戏，他们挖坑、建房子、搭帐篷、建立露营地等。

游戏会围绕着三种元素进行。首先是火，把木柴扔进去，对着火堆吹气，架上棍子，烤东西，从树叶到土豆都能烤。其次是水，把石头扔进水里，拦截小溪，钓"鱼"，让东西在水上漂，孩子们能在最无聊的小溪边待上好几个小时。最后是土，让土从指间漏下来，加点水和泥，或者就是简单地挖土、挖土、挖土。

这些活动仅仅是为了好玩吗？让我们来看一下游戏研究[7]的结论：儿童在游戏的过程中真的在工作。他们花费大量的精力，冒着真正的危险，甚至还经常忘记了饥饿和口渴——他们对游戏的饥渴已经胜过了对食物的饥渴。他们对游戏的投入如此之多，让游戏不再是浪费时间——人类这种生物也受到节俭的发展制约，在游戏中可以学习、练习、训练，在游戏中可以获得发展的空间——不管是从身体角度看，从情感角度看，还是从社会角度看。

让我们试着用游戏研究者的视角来观察儿童玩泥巴的过程。这个游戏不仅能锻炼儿童的大动作、精细运动和各种感觉器官，而且能让孩子获得对自然科学的直观认知。游戏研究者赫伯特·金斯伯格通过对学龄前儿童进行的系统观察得出结论：这些儿童把将近一半的自由游戏时间都用在了对数字、图形、图案的研究，以及按照规则给物品分类上。换句话说，他们的自由游戏时间大多都用来研究数学和物理的基础概念了。[8] 现在英国 11~12 岁的儿童对于体积和密度之类概念的理解能力落后于 20 世纪 70 年代的同龄人两到三年。针对这个事实，另一位研究者是这样解释的：现在的儿童在外面玩的时间缩短了，而户外玩耍其实能让他们在与沙子、泥土和水的接触中获得直观的物理学认知。[9]

那么，人类如何学习直观理解呢？加布里埃尔·波尔在她非常优秀的书《童年——寄希望于游戏》中提到了游戏对于儿童成长的意义：

"我曾经观察一个三岁的孩子是怎么玩水的。他把一片树叶扔进水盆，在树叶上放一块小石头，树叶沉下去了。他把一个塑料碗放进水盆，又放进去一颗玻璃珠，碗还漂在水面，玻璃珠直接沉到水下了。他一直观察着玻璃珠沉下去的过程。塑料碗被他翻转过来，并被向下按压进水里；等塑料碗又浮上来，又被他翻转过来，装满水，终于沉下去了；玻璃珠再次被放进碗里。'船长。'孩子解释道。他拉着装有玻璃珠的塑料碗在水里转来转去，越来越快，直到'船长'掉进了水里。在水底躺了一会儿,又被他拿出来,非常有爱地擦干。他说:'不擦干会感冒!'这个孩子在做什么呢?这个游戏他玩得很投入、很严肃,好像在完成一个艰难的任务,这我能看出来。但是他的意图是什么的?当然,他不会回答我这个问题。我尝试去研究这几个主题——质量、斥水性、体积和重力,除此之外还有社会性的题目——权力和无权力;我还使用自己的社交技能,研究了降温和感冒之间的关系;我还使用了我的触觉,锻炼了自己对温度的感知。就这些了。"[10]

户外活动仿佛有魔力,可以吸引儿童在其中获得神奇的经历。在幼儿园和小学中进行的观察表明,儿童会首先使用园区中"荒野"的部分,没有照明的灌木丛、小土堆、瓦砾堆,以及所有在园区非人为设计、偶然形成的一些"自然景观"。实际上,受儿童欢迎的区域都带有"原始"元素。这些区域可以为他们提供庇护,或者头顶有遮蔽,或者是陷入地下形成一个坑,或者草木非常繁茂。这样一来,孩子们就能躲藏起来,也有机会去探索和侦察。那些年纪稍长、在游戏设置中比较灵活的孩子,比起普通公园或者游乐场,更喜欢荒地。他们在这里能玩得更久,更开心,也更容易交到朋友。[11]

我们再来看一看儿童房间里的书架。排列整齐的书看起来好像挺正常的,但是这些书中完全是另一个世界。那是一个充满反抗的、反叛的、野性的世界。最受欢迎的儿童图书之一讲的是自我组织、努力成长的孩子的故事。他们自己掌控自己的人生,在外面,在大自然中。红发左拉、绿林女儿罗妮娅、毛毛、小女巫、长袜子皮皮……这些主人公虽然不属于我们这个时代,但是这些故事书一版再版。孩子们从这些故事中看到了扬起风帆。

现在,室内有插座,这些插座能给孩子们带来哪些乐趣,我们之后再来看。但是与大自然接触的欲望一直藏在孩子们的心里,藏在他们的小手里、小脚丫里、小鼻子里。

儿童发展的四个源泉
或者多种可能性

让我们来仔细看一下，为什么会是这样的，为什么大自然如此有吸引力，大自然能为儿童*提供*些什么，是什么吸引着儿童想要去这个已经行将消失的世界中。

因为丰富多彩，此外没有别的理由了。大自然为儿童的成长提供了丰富多彩的活动。大自然充满诱惑力。这些大自然的诱惑对于儿童成长中的挑战来说，就像打开门锁的钥匙。

如果你体验过大自然的绚丽多彩，就会知道，这种吸引力流淌于大自然的每个角落，要寻找到它们的源泉何其困难！但是，我们可以尝试一下。

第一个源泉：直接性

我们人类的生存状态非常荒谬：能够用感觉器官直接感知到的生活，只限定在一个很狭小的空间内，触觉、嗅觉、听觉和视觉都被限制在了几厘米到几百米的范围内。我们从这个狭小的生存空间出发，开始了一场巨大的自我扩展。通过我们的思想和感知，我们已经到达了遥远的国度。再加上无处不在的科学技术的帮助，例如电话、无线电、电视和因特网，我们简直拥有了千里眼、顺风耳。

对于人类来说，在这样一个荒谬的世界中感知自我，感知当下与此在，感知生活的本质，已经是很不容易的事情了。事实上，儿童成长也可以被视为这种生活环境的定居史，一部"安家"的历史。在这个过程中，感官扮演了很重要的角色：触摸，眼神交流，听到重复出现的旋律或音乐，品尝，闻到熟悉的气味等。人类首先是循着感官的路径运动的——闻、尝、听、看、摸，整个身体都会被调动起来。匍匐前进、攀登、跳跃、摔跤、踮起脚站立，每一块肌肉都得到伸展、揉捏、锻炼。这个过程建立起了身体的感觉，让我们的双手、双脚向四周环境长出根系。手里拿着一根木棍在沙子上画一颗心，木棍就变成了手指的延伸，好像它属于我们身体的一部分一样。许多事实证明，这种逐渐形成的感官意识是我们自我意识的第一步。拥有各种感觉器官，让我们形成了对自己的意识。

停靠于当下

虚拟的自我扩展正在以一种越来越极端的方式进行着，因此，现实中稳固的土壤变得越来越重要了。当我们通过手机、网络和电视"到达"远方时，我们如何才能让自己感受当下呢？我们如何才能在这个越来越不具象化的经验世界中找到依靠？马尔特·罗珀在他的《孩子们出去吧！》一书中这样写道："如果我们想让我们的孩子在这个越来越科技化的世界中安身立命，那么就必须要让他们在自由的天空下有'家'的感觉，让他们的大多数时间都在这片自由的天空下度过。"

这样我们就能获得大自然给我们的宝藏了。儿童成长有赖于那些深入灵魂的经验。他们在游戏中首先会寻找那些远古时代人类就有的经历：与火、水、空气、土壤打交道。他们会从这些直接的经验中汲取养分，调动他们所有的感觉器官；然后从中构建起自己的物质性，将感官和心灵联系起来，使得他们能够去经历这个世界。当然，他们也需要小说、童话、想象力的养料，偶尔看一点电视也不会把他们变成像素怪物，但是这些刺激只有在依靠感觉器官经历过的、直接经验的土壤中才能发芽。

让我们来看看大自然的基本元素。对于一堆篝火，孩子们能经

历的可太多了！所有的感觉器官都被调动起来了，他们能听到风过林梢的沙沙声、柴火燃烧时噼噼啪啪的响声，看到火焰的跳动，感受到风、背上的寒气，闻到木柴燃烧和青青草地的气味，感受到身旁爸爸身体的温度……周围世界以各种方式对孩子的感觉器官产生影响。

⋮⋮火为什么对儿童有如此神奇的吸引力呢？也许是因为火是深藏于人类记忆中的东西吧。狩猎所得和采集到的植物根块被放进火里烤；我们饥肠辘辘地返回营地，在篝火边吃得饱饱的。我们在篝火边跳舞，讲故事。篝火边是我们的集体，大家都在为生活庆祝。婴儿在篝火边吃奶，妈妈帮他擦干身体。没有火，我们将无法度过漫长而寒冷的冬季。火是我们唯一的希望。

能够好好利用大自然馈赠的人，也许真的能更好地感知这个世界。现在的世界越来越窄，只剩下通过视觉和听觉两种途径去感知。这个世界逐渐变成一个不可体验的虚拟空间。个性正在形成中的儿童越来越迫切地需要一些具体的技能。没有直接经验就没有感性，没有感性就没有生动的故事，没有故事就无法立足于世界。

适合儿童的刺激

大自然中的感官体验还有一点有趣的地方，那是我们的感觉器官在大自然中受到刺激的方式。我们很熟悉现代生活中的各种刺激，它们通常比较强烈并且千篇一律，比如街道两边的路灯（不论路灯是亮着的还是关着的）。与此相反，大自然拥有多样性。在这里，光和影，以及各种色彩时刻都在变化着，这一秒我们还在享受太阳光照在身上的温暖，下一秒一阵寒风吹过来，我们就不得不竖起衣领抵御寒冷。大自然中的刺激强度也时强时弱，大风并不是一刻不停地吹，鸟儿也不是一刻不停歇地鸣叫，它的叫声常常毫无征兆地突然发生变化。因此，大自然并不缺少刺激，也不会"刺激过度"。在大自然的空间中充斥着种类繁多的刺激，它们适合儿童的反应能力和注意力。

这些种类繁多的刺激还有一个特征：某些刺激对我们来说已经很熟悉，但却总会出现一些新的、我们不熟悉的刺激。在这样的环境中，儿童不仅可以找到持续性和安全感，还有紧张感。这是唤起他们好奇心的关键所在。因此，新世界与家园就这样紧密联系起来了。

第二个源泉：自由

如果我们问孩子，在大自然中玩耍哪一点让他们最开心，一般会听到这样的回答：在那里可以做自己的事。"儿童在大自然中能拥有相对多的自由，这就是自然经历的价值所在。"教育家、经典作品《儿童与自然》的作者乌尔里希·格布哈德（Ulrich Gebhard）如是说。也许这也恰恰解释了，为什么儿童不喜欢"真正的"游乐场。比起使用人为设定的游戏场景，他们更喜欢在荒废的后院或者废墟自由游戏。

为什么自由的游戏空间对于儿童来说魅力如此之大？这与他们

的天性有关。我们在上一章中已经提到过了：儿童想要有所作为。他们想要与世界碰撞，并在此过程中学习。因此，他们总是在巡视——边边角角、土堆小洞，不管是在可把握的现实世界，还是在幻想中。

这些巡视一般是在这个口号下进行的：付出越多，收获越多。然而，很多成年人却对这个口号避之不及，不管是度假的时候还是其他业余时间（这对于他们来说是个劣势，不过这是另外的话题了）。儿童会全身心投入，游戏对于他们来说不是取悦自己的方式，而是严肃的，并且很多时候会和边缘体验相关。做父母的肯定了解，孩子在外面玩了一个下午之后回到家有多么筋疲力尽。他们毕竟是在一个被我们称为"自由"的地方玩耍了，在户外[①]，在大自然中。

但是，付出并不意味着孩子在户外一直疯跑，许多观察和实验都证实了这一点。他们经常在寻找新的东西，想要证明自己能够掌握不熟悉的事物。但是，之后他们又会去寻找持续性的流程和熟悉的地点。在那里，他们能够有一段时间"什么都不做"。

这时候我们又要提到自由了，因为这种丰富多彩的外在和内在经历只有对那些能够在大自然中自由安排组织活动的人才起作用。在大自然中可以"踩油门"，可以"刹车"，还可以享受无所事事的闲暇时光。用乌尔里希·格布哈德的话说："儿童在大自然中既有可能长时间地面对单一的环境，也有可能要不断地面对新要素的出现。想要体验到所有可能性，就不能在成年人的监督下进行，必须

---

① 德语中，"在户外"这个词组包含"自由的"这个词。——译者注

由儿童自主地、一步一步地去完成。"[12] 想要抓住机会，就必须让他按照自己的步调，根据自己的意愿去做。

因此，儿童在大自然中就算自由游戏也不会感到无聊。（我认为，最近"无聊"这个词毫无理由地被歌颂，并且草率地打着"有教育价值"的旗号。我不相信"无聊"可以塑造儿童的性格，儿童可是非常能体现我们人类精神的多样性的。人类精神遵循相对速度的原则：当我们因外部经历或者内心经历突然加速或者刹车的时候，它才会做出反应。没有内心触动或者外部运动的话，它会被渐渐忘掉。孩子们如果感到无聊了，那肯定是因为没有任何经历去填满他们的内心，就好像飞行一样：加速让我们紧紧地坐在座位上，但我们记不住飞行本身。儿童想要感受，内心的或外部的，因此他们总是在寻找新鲜的事物，加速，对新兴趣发自内心地欢呼……他们也时常停下来，去体会自己内心的感受。但是此时的状态，就像毫无感觉的飞行本身，他们一点也不喜欢。）

自由的果实

从理论上来说，在大自然中玩耍会给儿童带来一些失落。在这个充满挫折的地方，有太多事是他们的小手小脚丫所不能做到的！然而在树林里玩了一下午回到家后，孩子总是会兴奋地给我们讲他们成功的故事：我跳了那么远！爬了那么高！怎么样？

我们只要看着他们就行了。他们恰好能够完成的挑战对于他们来说有着神奇的吸引力。他们从一棵倒下的树干上跳到落满树叶的地面上。"呼，完美着陆！"当然，这对他们来说只是"小菜一碟"……下一跳就要从再高一点的地方开始了。可能是一个斜坡，可以允许他们谨慎地四肢着地爬下来，或者一下跳下来。在自然的游戏场中存在不同级别的困难，儿童可以自由选择适合自己的挑战。这样，他们就可以让自己变得更强大（也可以不用听别人经常对他们说的"你真棒！"）。

在这个过程中，儿童面对的不仅仅是外部的挑战，还有内心世界的挑战。一些研究表明，儿童在非结构化的自然环境中玩耍比在室内玩耍创造力更强。他们在户外能发明很多游戏，然后反复玩，并不是别人口中的胡闹！大自然可以激发儿童身体内沉睡的创造本能。那些"富有创造性的思想家"，在童年时代都非常亲近大自然，这个现象并非偶然，科学家伊迪斯·寇博（Edith Cobb）在分析了300部自传后得出了这样的结论。[13]

儿童的游戏空间中存在多种可能性，并且互相影响。研究发现，儿童在人工设计的游乐场玩耍时，团体中的权力划分一般建立在身体性的能力上。而一片草地或灌木丛这样的空间提供了多种游戏的可能性，这时儿童团体内部更能得到承认的是语言能力和创造力更强以及更善于发明的那些孩子。[14]游戏环境发出的挑战越复杂，就需要越多样化的能力；而越是拥有多样化能力的儿童，就越能得到奖赏。

大自然的创造性潜力还在于，儿童在户外很少会玩成品玩具，而是自己制作或者寻找玩具，运用自己的双手或者想象力。他们用小棍子"吃"东西，追逐冷杉果球……大自然中的所有东西都能成为他们的玩具。

再回到最重要的话题。儿童在户外玩耍，游戏的果实并不是从天而降的。人们很看重的"果实",即自我效能、组织能力和归属感的体验,只能由儿童亲身创造和收获。

在这里,我还想提醒大家不要像某些家长和教育家那样,喜欢把大自然中儿童玩耍的地点变成学习场所。儿童喜欢在大自然中自由游戏,正是这一点构成了户外活动的魔力。如果父母安排儿童在户外玩耍,目的是让他们更好地掌握有关大自然的知识,那么儿童就不会因为这种带有目的性的活动而感到开心和兴奋了。有些家长试图强行让大自然成为儿童的精神食粮,这样做也是完全没有意义的。儿童对大自然的初印象一直都是自发形成的,如果他们无法获得直观的感受,那么之后也无法形成有关大自然的认知。

第三个源泉:抗挫能力

儿童可以在大自然中充分使用自由这张牌,那么这张牌全部都是积极的吗?毕竟所有人都在说,儿童需要更多的限制!

这听起来很矛盾:自由和限制,共同存在于大自然中!它们是同一枚硬币的两面——大自然不仅仅是儿童自由游戏的地方,它还有另外一个基本特征:充满挫折。

大自然中的万事万物并不依照我们的意愿生长。在那里,我们冷了也没有人打开暖气。道路也不会因为我们累了就变得不那么长了。萧瑟的秋日带给我们的惆怅,从来都不是一盏灯就能驱散的,需要我们调整自己去适应自然。我们得行动起来,打起精神,聚到一起。我们生起篝火,大声歌唱。我们要在内心竖起一堵抵御的墙。我们要控制自己的情感。我们要建立起对抗挫折的保护伞。

所有我们为之付出的努力，最终都会成为我们的铠甲。对于儿童来说更是如此。因为他们正处于被心理学家称之为"执行功能"——控制自己和情感的能力的形成期。儿童在幼儿时期一步步学习如何管理自己的心灵，变得独立。他们要学习，安全感、安慰和顺境不能总是通过大人来获得，而是通过自己、通过仪式，以及通过集体的力量。

一步步建立自我控制能力，一点点长大，儿童需要一种非常奇特的经历：*冒险*。

没有什么是儿童为了冒险不能付出的！冒险经历在儿童的故事、神话和内心占主导地位。冒险经历是儿童个性中"执行力"部分的源泉。

在冒险经历中，自由与限制构成了一个统一的整体。冒险这个游戏本身就有自己的限制，它是无法被规定的。这种心灵上的悸动是无法被组织的。通往冒险的跳板是*自由*。

顺便说一下这种悸动。童年的冒险不仅仅和紧张有关，不仅仅是一种经历的深化和加速，冒险活动是一种诱饵，吸引着儿童往边缘体验真实的或者想象出来的危险。在冒险活动中，儿童会直面他们的恐惧，鼓起勇气。我们每天晚上看电视里的侦探片，为无味的生活添了一点盐，而儿童怀着极大的热情策划的冒险活动和电视里的侦探片完全不是一个层次的。在童年的冒险经历中，儿童自己就是导演。他们是故事情节的组成部分。他们必须真的经得起考验。正因为如此，他们离开舞台的时候，变得更强大了。

"正如人们只有在水里才能学会游泳，生活的勇气也只有在恐惧中才能获得。"

——海因里希·迪克霍夫（Heinrich Dickerhoff）[15]

"儿童建造了小屋、房子、洞穴。他们独自或者和其他儿童合作完成，创造出了成年人不相信孩子可以自己完成的事物。他们自主安排日常生活，并且对夜晚也有自己的计划。"

——西比勒·卡拉斯（Sybille Kalas）[16]

真正的强大源自内心

变强大这个过程应由儿童自己主导，让我们浅谈一下这个原

则。在涉及执行功能时，教育学的讨论中都会出现争论。我们反复听到这样的论断：纪律、独立和自我控制是儿童在童年早期接受了纪律教育和被管教的结果。[17]儿童之所以变得内心强大而独立，是因为我们在他们还是婴儿的时候就要求他们拥有高度的自我管理能力。相应地，我们会要求他们自主入睡，当他们要哭的时候要求他们能安抚自己，或者在他们哭的时候，要求父母不要立刻对此做出反应。这些行为是希望儿童在经历一次次小的失望后，就不再惧怕大的失望。如果我们像对待大孩子一样对待他们，他们也能更快长大。

这与我们现在谈论的安全感的建立完全相悖。内心强大和抗挫折能力必须以主动的方式产生。我们并不会因为总是看侦探片就变得越来越勇敢，同样，儿童也不会因为你给他设置一些挑战就变得越来越勇敢。他必须要成为故事的一部分，必须要自己发出这些挑战。这种勇气、这种发现的快乐并不会从天而降，这一点我们在上一章就已经说过了。儿童在婴儿时期成功建立起的各种关系是他们成长的基础。若要去探险，儿童就必须有一副装备，由各种信任的经历构建成的装备。有了这样的装备，儿童就想要，不，就必须证明自己——他想要过充满冒险的生活。

"一些常常与成功人士挂钩的品质，在由父母或其他照顾者管控的世界中无法产生。在我们的预设中，这些品质应该是父母教育的结果，是成熟的表现，它们包括自治、自决、自主、风险控制、想象力和创造力、创造性思维，以及与他人和世界自发的关系。值得一提的是，儿童恰恰在自发寻找这些品质。他们拥有判断对错的本能，凭直觉可以找到合适的食物。值得我们思考的是，虽然我们要求儿童拥有这些品质，但是却在他们自主培养这些品质的道路上——欣欣向荣的大自然，在野外自由的游戏，不受我们安排和控制的时间——为他们设置障碍。"

——安德烈斯·韦伯（Andreas Weber）[18]

第四个源泉：亲密关系

提到亲密关系，我们一般会想到在儿童生活中扮演重要角色的人，比如父母。没错，儿童在与周围人的关系中获得对自我和成长动力的认识。能够建立这种可信的、细腻的、真实的亲密关系，儿童的成长才能得到保证。

大自然什么时候起作用？儿童为什么需要在大自然中的经历？

首先，大自然对于儿童来说通常是作为一个与人相遇的空间，户外游戏的时候，儿童一般是会有玩伴的。在非人为构建的环境中，儿童的集结一般非常集中。他们很容易形成一个"群体"。他们在与彼此的接触中拥有归属感，形成一个团队。这些团队能给孩子带来亲密感。

但是大自然还有更多东西。比如，与树木的关系，与其他植物的关系，与动物的关系，与其他事物的关系，与地点的关系，与反复出现的各种过程的关系，与各种情绪的关系，与各种气味的关系，与声音世界的关系——包括安静，与各种象征物的关系——一个视角相当好的小山丘也许可以作为一个神庙。

是的，非人为的世界也为儿童准备好了各种关系。我们可以回忆一下，我们小时候在大自然中偶然拾得的宝贝对我们意义如何，那些闪闪发光的板栗，那些"火石"，那些在我们手中变暖的花茎，我们最爱的树，那片金合欢树林——"我们"的树林……这些都是我们的另一个故乡，是属于*我们*的世界。我们的小森林！

在大自然中游戏，就是要建立这样的关系。就像进入一个财富的世界，这些财富不属于任何人，但是儿童可以使用它们，这是一种古老的习惯法则。儿童用他们的游戏书写的伟大的神话，用自然元素创造出了自己的故乡。

与动物的关系

对于很多儿童（以及成年人）来说，与动物的关系随处可寻，只要有四脚着地的可爱生物，如小猫、小狗、马，以及其他毛茸茸的小动物。儿童从出生开始就会被动物吸引，是的，他们好像很多年都无法区分人类和动物世界的界限。如果我们观察一下，就会被打动，儿童是如何尝试去理解所有生命体的共同语言的。

进化论学者认为，人类在畜牧业出现之前就已经和驯养的动物生活在一起很久了。这些被人类驯服的动物在远古时代是人类祖先狩猎的对象，到了这个时候，它们被人类圈养在家里，与人类的关系更近了一步。人类经过了几百代的努力，把野生动物的世界与人类世界联系了起来。

这种神奇的关联在当下也是存在的。儿童在看到动物的时候，总是会感受到一种来自远古时代的"相见甚欢"的情感。动物对于他们来说是来自同一个故乡的伙伴。安德烈斯·韦伯在他非常优秀的、充满诗意的书《让烂泥来得更猛烈些吧！儿童需要大自然》中如是说："我们观察儿童可以发现，他们与其他生物之间有一种天然的连接。儿童如此迷恋动物，以至于他们有时会变成动物。在幼儿园里有时能看到这种景象：早上，一群野生动物占据了整个走廊。狼、狮子、熊等一拥而上围着老师的腿乱叫，好像在早饭之前有一个仙女把他们变成了这个样子。动物对小婴儿的吸引力也仿佛是吸铁石一般。'哇哇'[①]可能是我们最先能发出的音。我们的确拥有了语言能力，并借此步入人类文明，而这种语言能力竟开始于一个非人类的动物的名字。"

原始信任

在大自然中的经历是否对我们的原始信任有影响呢？它是否能扩展我们的原始信任？是否创造了一种自然的关联？儿童的意图似乎正在于此。他们会解读一些蛛丝马迹，执拗地给大自然中的物体和生物分派身份：那里有坏蛋动物，也有好的动物；那里的树很强壮，蝴蝶很有趣。是的，他们用这种方式铺设了生物的伦理学道路：可以随便砍伐树木吗？生病的小松鼠怎么办？为什么动物们会自相残杀？

人们可能觉得这种为万事万物赋予灵魂的做法很幼稚，但是值得我们思考的是，灵魂与大自然之间的联系是否早已经深深植根于

---

① Wauwau 在德语里是婴幼儿对狗狗的称呼。——译者注

我们内心深处了？我们有时能感受到的热爱与庄严的情感，是不是属于我们曾经的大自然经历的一种延伸？无论如何，值得我们注意的是，那些最能打动我们的诗人，他们在年少时候都与大自然有着亲密的关系。

也许人类早期在大自然中的经历决定了我们对这个世界的认识，这种联系也解释了，为什么人类早期狩猎和采集时代会在神话传说中歌颂这样一个充满信任的世界图像，哪怕他们面对的是非常残酷的自然条件。对他们来说，大自然就是母亲！也许在大自然中的生活真的能使我们对这个世界更加坚信，大自然也成为我们"更好的天使"的生存场所。

遵循自然需求

大自然带给我们的财富是多元的。它是自由的空间、游戏的空间、关系的空间、发现的空间、创造的空间、自我体验的空间,也是避风港,一个多维度的、可承载儿童成长自我组织系统(我们在上一章已经介绍过)的共鸣空间。在这里,有儿童寻找的和需要的所有东西,以一种每个儿童在每个成长阶段都能获取的状态存在着。

⁞⁞⁞儿童与大自然之间有什么样的关系,我们可以通过儿童的涂鸦看出。哪怕只是画某一个物体或者人,画面也总是自成一体:几乎没有哪幅儿童涂鸦中没有太阳,也几乎没有哪幅儿童涂鸦中没有树木和天空。

这就又回到了我们之前提到过的"船帆"问题。大自然中的经历对儿童来说就像营养剂,它们会帮助儿童建立生活的基础,身体上的、精神上的,以及人际关系上的。简而言之,大自然为儿童提供的东西远比我们人为为之提供的"促进儿童成长的方法"丰富得多，并且效果深刻得多。

因此，我敢断言，在未经人工建设的自然环境中自由地游戏对于儿童来说是一个基本需求。儿童有自然需求。否则，游戏研究一再证明的以下这个论断该如何解释呢？儿童在自然的环境中可以玩得更丰富多彩，大自然中的游戏可以让儿童动得更多，更有创造力，协同合作能力变得更强。

这种需求也许只针对儿童。通过观察可以发现，成年人，哪怕是那些宣称自己在树上长大的成年人，对于大自然的兴趣也远远低于儿童。户外活动的欲望遵循的是运动欲望和游戏欲望的模式，这两项在儿童进入青春期以后会明显减弱（这一点我们在第三章会详细说明）。

也许让成年人去体会儿童的自然需求有些困难，我们也经常会忽略了儿童的运动需求，比如在学校里。但是这并不意味着，那些对于我们大人来说也许很奢侈的东西，对于儿童就不是*最基本的需求*。

"更自然的"心理学？

因此我们希望，在心理学教材中留出更多的空间给大自然以及我们在大自然中的经历。心理学在解释人的性格发展时总是把与其他人的交往经历作为中心。而环境，例如地点、空间、情景、动物、植物，以及在大自然中的游戏，似乎不在他们的讨论范围内。心理学在解释精神问题的时候，几乎只关注病人与其他人（家庭成员、恋人、同事）的关系是否破裂了或者这些关系是否给病人造成心理负担了。

然而，儿童用很多条线把自己和生活连接起来，非人与人之间的各种关系也会决定他们今后对待生活的态度。是的，儿童最初的人际关系经历也许确实形成了他们原始信任的基础。但是，许多证据表明，他们在此基础上编织进去很多其他的"关系线"，这些"关系线"都是他们在生活中遇到的。他们最初的关系网也因此得到巩固和扩大。深刻的自然经历除了被人类感知为一种心灵上的亲密关系，一种"宇宙的拥抱"，还能是什么呢？大自然母亲这个词不是凭空而来的。因此，似乎是时候让心理学把人放到生活的整个网络中去了。

精神分析学家亚历山大·米切利希（Axander Mitscherlich）在战后时期对这种扩展进行了思考。他在《城市荒漠》中是这样描述的：儿童需要一切能被他视为同类的东西，"即动物，大自然的基础要素——水、污泥、灌木丛，游戏空间。没有这些，他们也能长大，只不过是跟地毯、毛绒玩具在一起或者在柏油马路和院子里。他也能生存下来，但是之后如果他再也无法学会某种社会技能，例如对某个地方的归属感及首创精神，大家也不要感到吃惊"[19]。如今，我们越来越能理解，没有对大自然的尊重，就不会有人类社会的繁荣。因此，是时候继续探究这个问题了：我们的灵魂是否也受到了来自大自然的推动力的影响？心理疾病是否也有可能是由人与自然环境的关系破裂或者这种关系给人造成了压力而导致的？外界的自然环境与我们内心的自然环境是否有某种关系？

> "你的孩子约重9斤,其中大概7斤是水,还有一些碳、钙、氮、硫、磷、钾和铁。你把7斤水和2斤灰尘带到了这个世界上。你的这个孩子曾经是云朵、雪花、大雾、露水、小溪,或者城市管道中的废水。每一个碳或者氮的原子都曾经是数以百万计的不同化合物的组成部分。你只不过是重组了原本就存在的物质。地球在无边的空间中飘浮着。地球的伙伴——太阳,距离它约1.5亿公里。我们的地球是颗岩质行星,直径12742公里,中间是火热的物质,外面有一层薄薄的17公里厚的外壳。在这层薄薄的外壳上有海洋和陆地。在陆地上,在树木、灌木丛、昆虫、鸟类及其他动物之间,生活着人类。在数以百万计的人之中,有一个是你生的。嗯,是什么呢?一棵草,一粒灰尘,草芥与尘埃……但是这粒尘埃是海浪、飓风、闪电、太阳和银河系的兄弟。这粒尘埃是谷穗、小草、橡树、棕榈,鸟巢中的雏鸟、小狮子、小驹子、小狗的兄弟。他会感受,探索,忍耐,追求,开心,爱,信任,憎恨,相信,怀疑,吸引,排斥。这粒尘埃可以用他的思想理解一切:星辰和大海,高山和沟壑。这就是灵魂的全部内容,与宇宙的不同在于它没有维度。
>
> ——雅努什·科扎克(Janusz Korczak)[20]

然而,大自然到底是什么?

现在我们终于要回到这个问题了:当我们说要给儿童更多的机会在"大自然"中玩耍时,大自然究竟指的是什么?大自然无处不在:在我们内部,在我们周围,就连文化(有时我们会把文化当作是自然的对照物）也是产生于我们人类的自然——由人类在生活中创造出来，为此我们做了很多"不自然"的事……

事实上，我们在许多语境中都使用了"自然"这个词语：在谈及"户外""野外"时，与自然元素的接触，在未经人工构建的环境中游戏，还有与其他儿童交往、探险、自由玩耍，以及很多儿童在室内的经历，甚至是电脑游戏。

我们不去尝试给出非常学术的回答，而是从儿童的视角去看这个问题。令人吃惊的是，他们不太关心是在一个人工建造的院子里玩耍，还是在一块收割完的田里，抑或是在野外。他们在搭建树屋时，也不会思考这项活动中是否涉及文化要素，或者是否能体验大自然。仅仅是在杂乱的阁楼上翻找，就能让他们收获满满。儿童寻找的是一种环境，在这里他们可以满足自己身体的、精神的、社会的成长需求。这才是儿童游戏、探索世界、构建各种关系的基本动机。儿童成长的指南针就指向这种环境。我们应该为他们提供这种成长空间，哪怕有些"人为的"安排。

从儿童的视角看问题就能了解，儿童需要的并不是一个百分之百纯天然的世界，而是一个开放的世界，可以包容他们所有的想法，可以给他们提供空间，让他们做"自己的事"。在这个世界里，他们可以用游戏的方式去发现、构建和工作。儿童关心的问题是，他们是否能够很好地玩耍。他们关心的是自由度、真实性、冒险性，以及感官体验的程度。他们想要记忆深刻的体验，想要游戏伙伴。这些需求吸引他们去往多样性的环境中，那里也许有自由的天空，也许没有。然而这些经历空间并不是随机的，儿童能够在哪里体验多种角色和故事，从而掌控外部世界和内部世界，他们就能在哪里获得最强劲的成长动力。儿童需要的环境是——

❶ 在这里他们能有所作为。这种环境在某种程度上是可以自由构建的（即没有被人为地彻底改造过的），因此可以被儿童用来满足自己不同的游戏动机。

❷ 在这里他们能自己组织。这种环境为儿童提供空间，让他们能自由运动、探索或比赛。在这里他们拥有自由空间，可以自己管理自己的活动和精力分配（即自由选择休息和开始游戏的时间、地点等）。

❸ 这里符合他们的感官需求。这种环境可以通过多种不同的方式刺激他们的感觉器官，吸引他们的注意力，以直接的方式给他们留下深刻的印象。

❹ 这里拥有多种"自我成就"的可能性，并因此成为儿童的精神家园。

由于本章中所提到的原因，我们又一次回到普遍意义上的"大自然"的概念：在室外，在自由的天空下，在草地上、田野上、森林中、小溪边、河边及湖畔。那里的环境大多比室内空间更加没有人工痕迹，更加自由，能够吸引我们的要素也更加丰富多彩。然而我们在提到自然时，也指花园、街道、人造小水洼、游乐场、操场、儿童乐园、公园、后院、工地地基、废弃的工厂和阁楼。儿童的想象力、游戏和活动欲望让他们把每个角落都能当成"大自然"一样去玩耍。

除此之外，还有媒体、电视和电子游戏，它们实际上也为儿童提供了包括自由度、能动性等我们在前面已经描述过的东西："一个开放的世界，可以包容他们所有的想法，可以给他们提供空间，可以让他们做自己的事……"然而这个世界还缺少一些规范和刺激。这个世界作为替代品合适吗？关于这些问题，我们将在第五章详细论述。

当然，我们也要关注儿童各种不同的道路。通往"大自然"的道路对于不同年龄、不同性别、不同类型的儿童来说，是不一样的。一个婴儿的大自然经历可能是这样产生的——在和姐姐的游戏中受到启发，被妈妈抱着，或者在浴盆中和爸爸玩水——所有这些情景的共同点是让这个婴儿有机会自己获得对外部环境的感官体验。当我们观察婴儿在泥坑里踩水或者玩喷泉喷出来的水时就能理解，这种直接接触自然元素的活动给小家伙们带来了多少乐趣。然而，他们还需要大自然作为他们的情感支撑。如果我们带婴儿出去"放风"，哪怕只是带他们散步，他们也会变得更加安静和平和。户外散步的节奏、五花八门的刺激，阳光和风，都能帮助婴儿更好地管理自己的情感。想要把婴儿培养成对什么都不满意、整天哭闹的讨厌鬼，没有什么方法比让他们整天待在室内更有效了。

儿童在选择玩具的时候，也会更加偏爱真正自然的东西，因为来自大自然的玩具在使用时有更多的可能性，感官上的体验更好；未经人为加工的自然材料，例如木棍和贝壳，比人工材料制作而成的玩具更有趣，这些玩具通常功能少，但更具开发性。诸如木头或者羊毛之类的自然材料，"体验价值"通常更高一些，因为它们在视觉上、纹理结构上、气味上等有多种多样的细微差别。

我们现在来讨论一些成年人不太能理解的问题。如果把成年人对儿童的要求作为标准,那么大自然提供给儿童的乐趣就不那么多了。如果大自然中没有儿童——至少是从他们有了探险欲望的年龄开始——最感兴趣的东西,即自由,那么在户外度过的时间还有什么意义?不是说爸爸在这里生起了篝火,这里就自动变成了"大自然"。如果在这里儿童不能由自己安排一切,而是要遵守所谓的规则——这不能做,那不能做,甚至听到父母大喊"把木棍伸进火堆里多危险啊",那么这一切就变得非常"非自然"了。如果我们太看重所谓的规范,目的性太强,只想着一件事的教育意义,那么大自然很快就变得"不自然"了。

什么是自然,什么不是,自然有多么"野性"或者温和,这些都应由儿童自己来判断。而判断的依据是,他们在这里的经历是否能够满足他们的自然成长需求,这里是否能够为他们提供多种可能性,毕竟机会多样性的甜蜜果实是他们很乐意品尝的。

儿童在什么样的环境中可以获得"自然的"成长启发,只有在极少数的情况下才与环境的原始化、荒凉程度有关。对于儿童来说,更重要的是,在这个活动空间中是否有"源泉"汩汩涌动。

户外VS室内?

这个问题很有趣。当我们谈论儿童成长时,对孩子"好"和"不那么好"的分界线不是"自然的"环境和"人造的"环境,也不是户外和室内。爬树是不是就一定比玩乐高好,这不是问题的关键。

从儿童的角度来考虑，起关键作用的是另外一件事：这个游戏给予他什么？是否能给他——目前这个年龄，这个成长阶段——正需要的东西？

儿童需要的经历与他们成长的源泉有关。他们必须能够从中汲取足够多的泉水用来解渴。只要他们还在成长的基础阶段，渴求就尤其强烈。他们需要的是建立可信赖的关系，建立原始信任。他们需要的是探索、研究和自由的游戏。他们需要的是感官的经验，灵魂和身体的共同成长。儿童也和其他人一起成长，以这些方式：得到爱，得到安慰，碰壁，通过讨价还价确定规矩，不断与他人进行精神交流。这是他们的成长时刻。只要他们的渴求能够得到满足，能够有机会去经历，那么其他的就顺其自然。

他们要在哪里经历这些，取决于许多因素。有些经历最好是在户外，有些经历则最好是在室内，有些经历在户外或者室内都可以。

把户外的世界和室内的世界对立起来是不可行的。这两者都很神奇，对于儿童来说都是充满冒险的，只要大人不安排他们做什么，而是任由他们带着好奇心和热情去亲身经历。安静地坐着听音乐和在小溪中玩耍同样充满冒险。是的，前者并不比后者"不自然"，因为在我们人类的天性中一直就有从事艺术活动的渴望。孩子们做练习，遵守纪律，努力取得成绩，这些并不是"不自然的"。只要他们在做这些事的时候是用心的，他们是很开心、努力的就行，不管他们是在户外小溪里玩耍，还是在室内学习吉他大横按指法。

对户外活动的推崇与对室内活动的赞美可以完美地互补：在安

静的角落里阅读（哪怕是在电子屏上），坐在地上玩乐高积木，玩装扮游戏，过家家，演音乐剧，蒸馒头，看电视，听音乐会，做手工，缝补牛仔裤；刷朋友圈，看看谁正在哪儿干什么，或者就是随便看看；翻看度假时拍的照片，浏览博客……是的，现代媒体当然也属于室内活动的一部分，而且也属于受追捧的室内活动，甚至也是户外活动的一部分——撒纸屑追逐游戏是使用木棍，还是烟雾信号或者智能手机，并不是问题的关键。

问题的关键是，让儿童不感到"饥渴"，让他们的童年充满多种可能性。至于其他问题，都是次要的。

今天一切都不一样了！

关于大自然，关于儿童成长的源泉，能够写这么长的一章，是一件很美好的事情。但是……

现如今世界变得不一样了。无论选择什么职业，我们孩子中的大多数今后都要使用电脑来工作，他们也要生活在一个充满人造元素的世界中。那我们谈论玻璃窗外面的大自然还有什么用呢？

因为大自然决定了一切。我们成年人创造的这个世界，是大自然的对立面。我们现如今还在使用的感觉器官，必须要做的首要任务是：接收和处理电子屏幕上的信息，并且是尽可能快地。而身体的参与度或多或少都有所下降。我们的心灵处于高度紧张的状态下。我们经常专注于一些与人类需求没什么关系的目标。我们追求生产效率和利润，同时，我们也变成了社会网络中的网眼——过滤掉那些漏网之鱼。

恰恰是由于这种精神压力，大自然中的经历对于儿童来说变得尤为重要。它可以帮助儿童构建出一个框架，像支撑躯体的脊椎一样。这些大自然的经历如同一眼泉水，孩子能够从中汲取甘泉，是一件很好的事。

那么，让我们深入地探讨一下这个问题。

直接性

回顾历史，我们会发现一件事：从现在往前数两代人，从那时开始，人类生活的世界就越来越多地受到间接的、技术的、经验的影响。我们的感觉器官所能感受到的直接的生活体验，也就是一手的经验，越来越少了。儿童如果能够获得生活经历的给养，那就好了。生活经历的给养，首先是身体性①。它形成于儿童时期，这时的人通过对身体的灵活使用获得身体性。我们的"感性"也来源于童年记忆，它是我们童年与周围有机世界和无机世界的交往经历的核心。

我们成年以后有一个百宝箱，里面装着我们童年时代放进去的东西：我们如何与其他人相处；我们如何管理自己的情绪；我们如何让各种情感互相协调，产生如同音乐一样美妙的效果，使我们自己和其他人都能够理解，甚至能够享受它们。这听起来很老套，想要享受生活，就要接受生活给你的一切，从小时候开始。要逆风前行，要忍受严寒，要处理人与人之间复杂的关系。

能够做到这些的人，从小时候开始就能更好地应对现代人的困境——虽然有越来越多的时间要与越来越发达的技术共同度过，但

---

① 如果说"身体"强调的是身体的客体性，也就是从外部视角所看到的"肉身"，那么，"身体性"则强调从人自身的感知出发所内观到的"内在的身体"。——译者注

是在生活中遇到的问题却不能依靠技术去解决。他要像几千年以来的人一样，依靠人的方法去解决问题，或者压根儿就解决不了问题。拿着工具的傻瓜依旧是傻瓜。[21]

因此，我们现在恰恰需要大自然作为理解——感官、身体、整体——的场所，并且不能给孩子们设置障碍。他们在童年时代看到的、闻到的、感觉到的、触摸到的、听到的东西，会永久地保存在记忆中。我们完全赞同环境心理学家爱德华·里德所作出的论断："这个社会不太对劲，投入太多的人力物力，只是为了让不论哪个角落里的人都能获得一些无趣的碎片化的信息，这对于我们自力更生探索世界毫无用处。"[22]

自由

现在让我们来讲一下自由。我们成年人很喜欢谈自由，比如它有多重要，我们多么希望别人能拥有自由。但是我们在和孩子们打交道的时候，却很少谈到自由，相反，我们对孩子们专制，还自以为是为了他们好。我们小心谨慎地为他们设定目标，一旦目标达成，他们会得到表扬、庆祝，被我们称为"乖孩子"。我们用分数来评价、衡量他们在各个方面的表现。用未来的需求去锻炼他们，但是根本不会思考这个问题：这种锻炼对于他们作为人来说是否有益。打着全球化竞争的旗号，我们把儿童看管起来了，这种管理得到了教育学的论证，天衣无缝。

想要自由生活的人，必须要先体会什么是自由。在大自然中自由地游戏，这是一个不错的机会——虽然不是唯一的机会，但它无论如何是适合儿童的且可持续的机会。孩子们的童年被我们悄无声息地剥夺了，这种自由游戏会成为与之对抗的解药，来对抗大人给予儿童的过多的压力，对抗无休止的学习，对抗过度的保护。在大自然中的经历能够增加儿童的自信心，这一点甚至得到了科学证明。他们可以用经历让"自由"这个词语变得饱满。

儿童需要什么才能做到在游戏场地上幸福地玩耍？人们向君特·贝尔齐格提出了这个问题。他是德国最热门的游戏场地设计师，亲自设计了至少500个游戏场地，作为顾问参与了超过8000个游戏场地的设计。他的回答是："老实说，儿童并不需要游戏场地，成年人才需要。儿童在任何地方都能玩，只不过我们不允许而已。"

那么，一个好的游戏场地应该是什么样的呢？

"我曾经设计过一个游戏场地，在那里我们看不到跷跷板、秋千、滑梯等游戏设施。孩子们很喜欢这个游戏场地，但是家长们不喜欢。他们根本不认可这个场地。在他们提出抗议以后，我在这片场地中添加了他们希望看到的游戏设施。孩子们依旧在其他区域玩耍，但是家长们满意了。"[23]

挫折

我们的孩子生活在一个复杂的社会中，专业化分工越来越复杂。他们比以往更需要为今后的职业生涯做好准备，需要更多的能力去应对生产效率越来越高的科学技术和机器。

我并不想否认这一切，也不否认，在当今世界中，孩子们需要大量的知识（这里我们所说的知识，也包括一些生活技能，比如知道如何做饭，如何修理自行车或者缝补坏掉的牛仔裤等）。但是他们还需要更多的东西！在这个高度现代化的社会中，他们需要的是哪怕最高级的计算机和最好的机器也不具备的能力，比如创造力。计算机和机器可以将一些想法付诸实践，但是这些想法产生于人类的大脑。为了让大脑能够正常工作，我们的孩子需要内心足够强大，拥有抗压能力，因为这个世界不仅变得越来越智能，而且生活节奏也越来越快，压力也越来越大。今天，我们每个人要想瞬间获得人类的所有知识，只需要拥有一个智能手机就可以。但是，没有任何一款应用程序会教我们，如何与自己以及他人相处。

我们在谈论"教育"的时候会发现，儿童将需要很多基本的作为人的能力，而这些能力在手机和电脑屏幕上并没有。这些基本能力由内而生。因此，今天的儿童需要一个成长空间来发展个性。大自然就是这样的空间，虽然不是唯一的（我们接下来还会继续这个话题），但却是宽阔、开放、有效、充满多样性的空间。

科学能够证明，中等智商水平的大学生在职业上可以取得与高智商者同等的成就，前提是他们拥有某些基本能力，如好奇心、实验欲望和执行控制能力（即管理自己的情绪的能力）。[24]这对于我们的教育事业来说是一个令人振奋的好消息，促使我们更加重视这些基本能力。但是这并不意味着，知识就不重要或者没有价值。

知识当然非常重要！但是我们不能忘记，上知天文下知地理的人，并不一定是能侃侃而谈的人。这是因为性格也很重要。那么，性格如何发挥作用呢？

亲密关系

关联和归属感，这听起来很老生常谈，但它们真的很难建立。每个人都希望有归属感，对物品、地点、传统习俗、事情进程等很熟悉，有家的感觉。今天，我们的生活日趋匿名化，这个盾牌不再那么好用了。我们体验到的是各种联系的丧失。感受生活对于我们来说变得非常困难。那么，我们怎样才能变得更加强大呢？

可以看到，儿童一旦进入大自然的环境中，就能在那里建造出家一样的东西，建立联系。这些联系通常产生于非常简单的、直接的经历，借助身体的触觉、嗅觉以及与大自然基本元素的接触。他们感受到的一切都能使他们更容易地把这个世界当作一个对他们很友好的地方。人类没有任何时候比现在更需要这个了。

迈克尔·奥博特（Michael Obert）[25]有一篇对摩加迪沙日常生活的报道非常感人。它向我们展示了，儿童如何与大自然和谐共处，哪怕是在最不利的条件下依旧会努力争取与大自然接触的机会，他们对此赋予了何种希望。一个小男孩正在给街边的小树浇水，他的额头上有一道化脓的疤痕，他所处的街道已经被恐怖袭击摧毁了。"我自己种的。"他说。水从塑料管中流出，被摩加迪沙干涸的土地吸收了。"我的树，我得照顾它。等它长大了，我就可以在树荫下睡觉了。"

思维之窗：全身心投入

对于自己所做的事情，儿童会比成年人更加投入。他们可以全身心投入到任何一种活动中，忘记周围发生的一切。我们成年人有时候也会这样，比如读一本非常精彩的书时，翻看老照片时，甚至烹饪烘焙时，演奏乐器时。

在这些时刻，我们忘记了时间，沉浸在当下的活动中，不会考虑这是什么，还会发生什么。我们真正地和我们所从事的活动融为一体了。这是一种更高级别的"在场"以及内心的亲密关系。

英国人把这种经历叫作"飘然"，脑科学家把这种状态称为"内聚"。我们在这个过程中所体验到的是一种自由和幸福的感觉。这种幸福时刻可以算是一个人生命中的高光时刻了。很可惜，随着我们要承担的责任越来越多，专注于一件事的状态会随时被其他人和事打断，因而这种幸福时刻也越来越少了。满脑子都是未解的难题，找不到闲暇来全身心投入一件事，也就无法体验这种高光时刻了。

但是，我们所有人在童年时都有过这种经历。即使记不起来让我们废寝忘食的具体事件，我们也依旧记得内心深处那种奇妙温暖的感觉。如果我们有机会去观察一个沉浸在自己世界中的儿童，那种久违的幸福感就会重新回到我们的心中。这时我们也能理解了，这种时刻对于一个孩子来说是多么重要。他在这种时刻不仅完全把自己与他所从事的活动联系起来了，而且也与自己的内心联系起来了。与自己的内心进行交流，在自己的安排下独立发现自己的兴趣，这是一种愉快的经历。在这个过程中体验到的兴趣，会深深地留在记忆中。能够体验这一切的儿童是幸福的，并不是因为他们取得了什么成绩，进而得到表扬或者认可，而是因为他们切身体验了自己的兴趣所在。

这会给人留下深刻的印象，并且使得这种特殊的具有神经可塑性的神经递质在大脑中进行传播，之后它们便像肥料一样会促进神经元网络的巩固和扩展。在这种状态下，神经元网络得到激活，进而将这种靠自己获得的快乐和幸福的感觉在身体内传播。

比起其他，儿童更需要的是这种能让自己变得更强大的经历。有了这些经历，他们在今后的生活中就能更好地与自己相处，与自己所从事的活动建立关联。

并不是儿童所经历的一切都会被存储于大脑中，并作为神经元网络模式固定下来，而是只有那些对于本人来说真的很重要的经历才行。只有这些才能给他们留下深刻印象，激活情感中枢，刺激具有神经可塑性的神经递质。然而，现在很多事情都是外界强加给儿童的，强行吸引儿童的注意力。

彩色的动画，吵闹的声音，让人大吃一惊的效果，都会吸引到儿童的注意力。儿童玩具、儿童电影以及广告短片的制作者很清楚这一点。他们也越来越成功地把儿童的注意力吸引到他们的产品上来。

这是他们的地盘，没人能禁止他们这么做。然而，他们的行为对儿童产生的影响却是灾难性的。这种经历会让儿童获得这样的认知：他们无法自己决定什么对他们来说是重要的，无法决定把注意力放到什么事情上。他们无法自己看清事实，也无法改变什么，二者都是他们的父母及其他教育者的任务。父母及其他教育者有能力意识到，孩子正在经历这样的危险：外界的刺激、信号和推动力成了孩子们首要的行动向导。他们有能力保护自己的孩子不要以这种方式沦为那些"儿童产品"制造商的韭菜。他们能够帮助孩子成为自己生活的创造者，而不是成为现有产品的被动的消费者。

有趣的是，虽然我们的孩子从小就生活在这个日益喧嚣、嘈杂，充斥着琳琅满目商品的世界中，但是依然有那么一些男孩女孩能够不被这些哗众取宠的东西所诱惑。

他们好像对这些经过专业包装的产品及它们所产生的令人炫目的吸引力免疫了。这些孩子是我们要格外注意的，我们要从他们身上寻找，到底是什么让他们对外界的诱惑有了免疫力，是什么帮助他们保持自我，不像他们的同龄人一样在色彩斑斓的消费品洪流中迷失自我。

您大概能猜到答案了：沉浸在某一件事情中，全身心投入到自己所从事的活动中是多么幸福和满足，他们就是有机会获得这一体验的那群人。我们有时会用"忘我"这个词来形容这种状态。

这种经历牢牢固定在他们的额叶中，并且形成了一种内部的观念，继续指挥着他们对事物的评价、注意力以及他们的行为。因此，他们就不会受到外界的影响了。外界强加给他们的东西也不会对他们产生吸引力。他们追求的是他们发自内心感兴趣的东西。

然而，现在的儿童哪还有机会去获得这种体验呢？可能从托儿所或者幼儿园开始，他们就被要求看看别的孩子在干吗。他们也没机会聚精会神地做一件事，因为总是有人时不时跳出来向他们提出这样那样的要求，分散他们的注意力。在他们专注于某一件事时，总是有这样那样的干扰因素。

在这种机构中，儿童肯定能学到很多，获得很多重要的能力，比如社交能力。但是在那里聚精会神地做一件事，忘我地从事一项活动，是不太可能的。

在家里，情况也没有好很多。虽然在家里他们能自己安排游戏和玩具，也许可以更长时间不受打扰地做一些自己感兴趣的事，但是家里的玩具能提供给孩子发现和建构的可能性是有限的，用不了多久他们就玩腻了，在家里玩也会变得无聊，没意思了。接下来会发生什么，是所有家长都很熟悉的了。孩子开始抱怨，感觉无法得到满足，想要其他的东西。然后，大多数家长就会把电视机或者电脑打开了。但是电视机或者电脑的作用也只能持续一会儿，闪烁的电子屏幕是不能让孩子们全身心投入，感受"忘我"的境界的。

当儿童节目结束了或者电脑游戏玩腻了，新一轮的抱怨和不满又开始了，这时候，有些家长才想起来让孩子出去玩或者带孩子到大自然中去。着急的话，其实阳台就够用了，可以在阳台上放一个花箱供孩子玩耍。

或者带孩子去附近的小公园喂鸭子，这种活动能让孩子全身心投入。或许在哪儿能有荷兰猪或者小兔子，孩子们就可以照顾它们，或者小狗小猫也行。如果附近能有一片草地或者一个公园，甚至是一片小树林、一条小溪或者一片小池塘就更好了。也许有些家庭有自己的花园，孩子们可以在自家花园里探险，寻找自己感兴趣的东西。

不管孩子们抱怨和不满的东西是什么，他们的抱怨和不满有多么严重，最终让他们停止抱怨和不满的都是大自然，因为孩子们在这里能找到他们喜欢做的事情，可以去探索和发现，可以按照自己的想法去设计和实施。这件事也不是一蹴而就的。有些孩子很少有机会独自在大自然中探险，因此一开始也需要一些引导和鼓励。但是，每个孩子最后都会在大自然中找到自己可以从事的活动，可以观察的事物，可以建造的"工程"。

接下来就是见证奇迹的时刻：这一切根本停不下来。因为大自然能够为儿童的探险之旅提供无限的可能性。

在大自然中，没有什么是按照预设的方式进行的，人类单靠自己什么也发现不了，没有什么是完全一样的——没有相同的树叶，没有相同的树枝，任何东西都可以被人类使用。在大自然中到处可以发现新事物，这里生长着什么，有什么动物，那里又有什么独一无二的东西。如果没人过来试图解释这一切或者以任何方式打扰到孩子们，用不了多久他们就能完全沉浸在自己的世界里，聚精会神地在小溪中建造大坝，观察蚂蚁吃蚜虫，在石头底下寻找土鳖虫，在草地上摘蒲公英，让它的种子迎风飞扬。如果家长们想要知道自己的孩子在感到幸福的时候是什么样子的，那么只需要在这些时候静静地旁观就可以了……

Chapter 3

大自然与健康

成年人越来越意识到身体健康的重要性，
但是对孩子们的健康问题
却睁一只眼闭一只眼
——孩子们目前最重要的是"学习"！

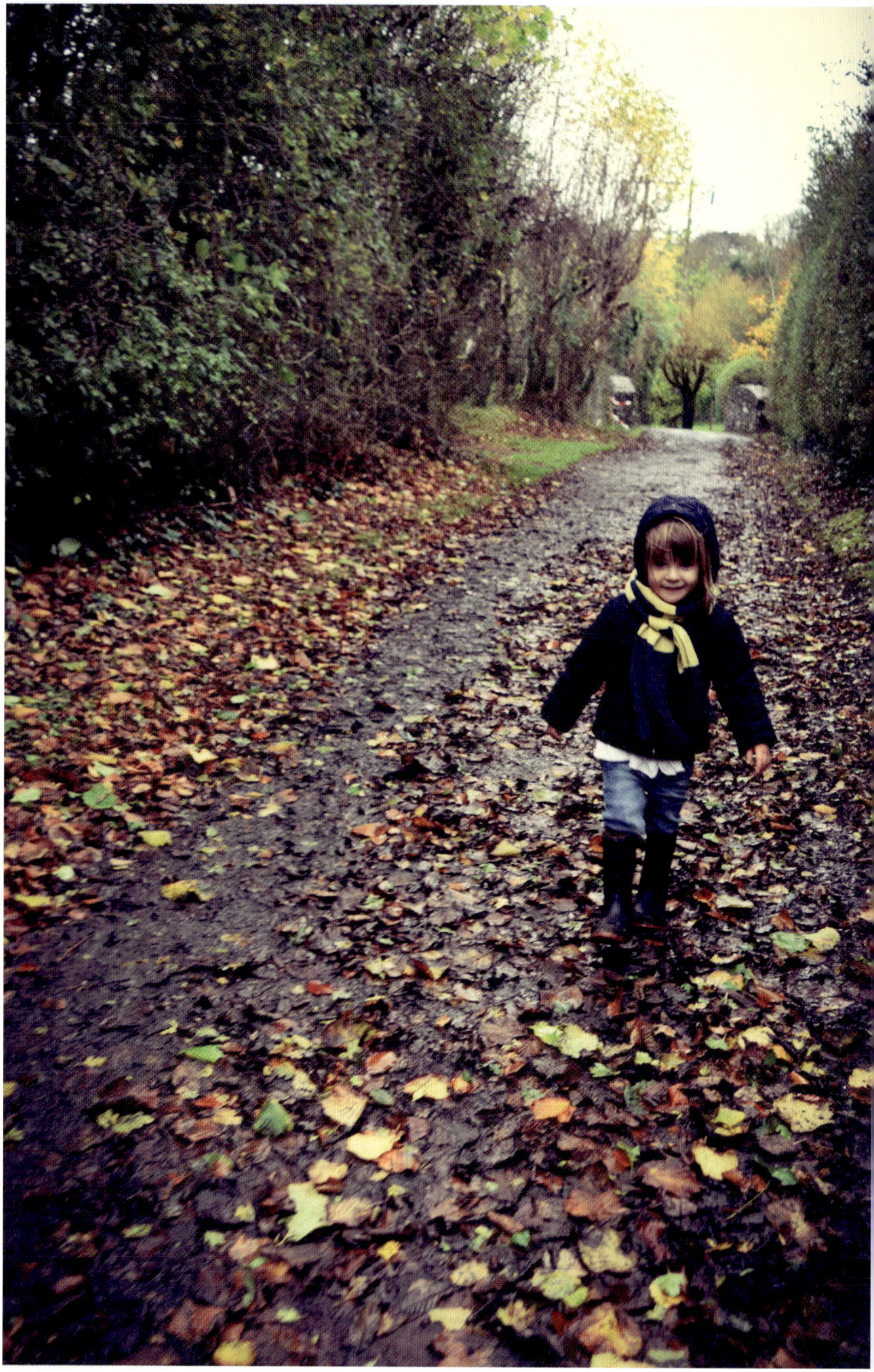

提到"健康"这个关键词,我们经常会想到孩子们注射的疫苗、他们最爱的糖果。如果我们想得再远一点儿,就能想到大自然了。不仅如此,在健康这件事上,我们会发现一个耳熟能详的现象:童年是打基础的时候。

免疫系统的发展过程向我们展示了,关于健康基础的故事多么扣人心弦,它与儿童成长的世界之间的关系多么密切。事实上,我们的孩子在这个领域好像面临一些问题。不少儿童都容易过敏,湿疹、过敏性鼻炎和哮喘都是儿童常见病症,哪怕越来越多的父母已经十分注意儿童的饮食和日常看护!

正在学习中的免疫系统

免疫系统需要基础吗?这么性命攸关的东西难道不应该是每个人一出生就具备,并且应该是全副武装才对的吗?才不是呢!一个婴儿刚出生时语言体系有多不完善,他的免疫系统就有多不完善。和语言体系一样,免疫系统也要根据人的生活环境来调整自己,例如饮食习惯、居住环境、所遇到的病菌等。免疫系统需要一直学习,如何在不同的条件下胜任各种工作。[1]

这意味着,它必须学习如何目标精准地进行工作。毕竟免疫系统的任务十分矛盾：一方面，它需要对进入人体的病原体立即展开防御（在紧急情况下它会对病原体发起猛烈的攻击，伴随着供血量上升和体温升高，也就是我们熟知的炎症反应）；另一方面，环境中无害的部分需要得到包容，免疫系统不能对这部分发起攻击，不能产生炎症反应。

为了在这项至关重要的工作中尽量避免犯错误，相比"反应不足"，免疫系统从一开始就更倾向于过度反应。宁可错杀友军，不能放过敌人。换成医学术语来解释：宁可引起过敏（对环境中无害因素产生炎症反应），不能放任病原体侵入体内（从而导致严重的感染）。

那么，如何才能让免疫系统改掉这个讨厌的（每一个过敏症患者都能证明）、喜欢过度反应的习惯呢？答案是，通过周围环境中持续的抑制性的影响。它们会限制免疫系统与生俱来的炎症倾向。研究者惊讶地发现，使免疫系统保持平衡的影响来自四面八方不同的角落。

这种驯化在人一出生时就开始了。第一个对免疫应答有抑制作用的是细菌。以细菌为主的微生物在新生儿身上"定居"。婴儿在母体中时基本上生活在一个无菌的环境中，他在通过母亲的生产之道来到这个世界上时第一次接触到病菌。一部分病菌附着在婴儿的皮肤上形成皮肤菌群；另一部分进入婴儿的口腔，连同唾液一起被婴儿咽下，形成了我们的肠道菌群。我们一生中，肠道菌群的数量是非常巨大的（肠道菌群的数量大约是人体细胞数量20倍！）。肠道中的菌群世界繁忙而多样化，它不仅影响我们的免疫系统，而且帮助我们摄取维生素和吸收营养物质，尤其是蔬菜水果中的膳食纤维（肠道菌群的构成甚至可以影响人的体重）。

第二个对免疫应答有抑制作用的是母乳。母乳并不是孩子们"逛超市时试吃后觉得不错就顺便买下来的"[2]（丽丝·艾略特语）——妈妈吃了哪些食物，就会体现在母乳中，这些食物可能将来也会出现在孩子的食谱中。除此之外，母乳中含有大量免疫物质和免疫细胞。现在我们知道了，这些免疫物质和免疫细胞能够自然地抑制儿童的免疫应答，帮助它区分"好的"和"坏的"。因此，母乳喂养的宝宝对辅食过敏（例如许多谷物中都有的谷朊）相对较少。[3]

对免疫系统的影响就是这样一步一步进行的，接下来我们又要提到大自然了。第三个对免疫应答有抑制作用的东西来自动物界。动物的皮毛中有一种物质可以分解某些细菌，这种物质叫作内毒素。这种物质如果进入人体内（通过人的呼吸道或者口腔黏膜），人体免疫系统就会进入警戒状态。这会让免疫系统得到锻炼，众所周知，很多东西都是用则进，不用则废。科学家解释说，这种日常的"锻炼"使得生活在农村的儿童更少出现过敏症状（农村儿童很少出现过敏症状的另外一个原因是他们经常食用未经加工的牛奶。这种牛奶可能携带某种病原体，因此不推荐婴儿食用。但是未经巴氏消毒的牛奶中也有很多有益菌，能有助于抑制人体的免疫应答）。但是，内毒素并不仅仅存在于农村，只要有动物的地方就会有内毒素，有宠物的家里也会有。事实上，生活在养狗家庭中的儿童总体来说更少出现过敏症状。

那么，植物呢？它们也会对人体的免疫应答产生抑制作用。甘草中富含植物纤维，它们可以释放某种糖分子，例如阿拉伯半乳聚糖，随空气进入人体内后会对免疫细胞有抑制作用。我们的免疫系统好像一直在从我们生活的生态系统中接收信号。

换句话说，只要儿童与自然的世界进行深度接触（与微生物、植物、动物以及其他儿童），他们的免疫系统就会开始工作，并得到锻炼。它会变得目标更明确，能力更强，孩子们也是。

运动

在"运动"这个问题上我们可以简单一点，直接引用医学教科书。书上是这样写的："缺乏运动是人类一半疾病的原因或者原因之一。规律的运动可以促进新陈代谢，增强心血管系统，保持心理健康。除此之外，运动还可以预防癌症，促进身心全面健康。如果有一种药物能够达到这种效果，那么这种药物的生产商恐怕会被顾客紧追不舍。"

针对儿童，还需要特别提出一点：通过运动更好地控制体重，能够抵御目前出现的一种让父母和儿科医生十分头疼的倾向——越来越早到来的青春期。这种倾向受到多种因素的影响：吃得越来越好，生病越来越少，成长过程中持续的压力或者周围环境中影响激素分泌的因素，例如塑料制品、杀虫剂或者化妆品。然而，儿童肥胖症、缺乏运动是一个很重要的原因。

但是，很可惜，运动不能被生产。更糟糕的是，我们总是找不到穿上运动鞋的理由！[4] 我们人类和其他哺乳动物一样，虽然经常姿势优美地、全力以赴地活动，但是仅仅是在必须这样做的时候。否则，我们更愿意保存力量，好好休息。狮子只有在想吃掉羚羊的

时候才会全力奔跑,当它一点都不饿的时候,它还是更愿意在太阳底下伸懒腰。

⁝科学研究表明,运动也能启发心智。⁵因此,若在校园里有足够的运动量,孩子们也能学习得更好。脑科学家推测,其原因在于人在运动时大脑释放的多巴胺,这种物质会帮助人把学过的东西记得更牢,并且提升自信。列举一下运动对健康的积极影响,我们就知道,那些要求幼儿园和学校多安排一些户外活动、游戏和体能活动的人真的很有道理。

毕竟还是有特例的,而且特例也适用于所有哺乳动物,也包括人类:儿童是被这种休养生息排除在外的。儿童的运动欲望是通过游戏欲望激活的,而游戏欲望几乎是无穷的,因为在游戏中最吸引儿童的是对世界的探索和学习。

然而游戏欲望也有终止之时，它会伴随着性成熟的开始而急剧下降。在这之后游戏欲望还能剩下多少，一方面取决于个人——在运动这个问题上，每个人都有自己特有的可以自己调节的恒温器（研究者称之为"活动状态"）；另一方面，身体能力起了很重要的作用，那些身体素质比较好的儿童，哪怕成年以后也会保持运动、体育、舞蹈，以及爬楼梯——而不是站在电梯里。

这里我们又要提到户外活动了。因为在户外，儿童的身体、感官、心灵都可以得到成长，户外活动让生命的齿轮转动起来。

太阳

户外还有一个人类健康的赠予者：太阳。研究太阳对人类影响的学者们最近真的欣喜若狂。太阳光不仅能让我们的皮肤合成维生素D——儿童正需要这种维生素来促进骨骼强壮，还可以激活我们体内所有可能的递质，从而增强我们的免疫系统。我们会发现，体内维生素D含量较少的人在冬天更容易患呼吸道疾病。[6]然而，阳光维生素能做的事更多：它还能在大脑中发挥作用，负责控制人的情绪。研究证明，外界的阳光可以促进大脑分泌神经递质多巴胺，这是一种负责愉悦感和奖赏感的神经递质。因此，冬天日照时间短，人们更容易情绪低落。[7]

能给我们的孩子一片阳光下的场地该多好啊！但是看到父母早上带孩子出去玩半个小时就要涂一层防晒霜时，我们又会产生怀疑了。太阳是我们的敌人吗？涂防晒霜确实有点道理，毕竟过多的紫外线会导致皮肤癌。因此，儿童，尤其是生活在山区的儿童，要进行长时间日光浴的话，最好还是涂防晒霜！在阳光特别强烈的时候，比如晴朗的正午，儿童最好待在户外阴凉的地方或者室内。换季的时候，大多数儿童自然的皮肤保护都是比较靠谱的（欧洲的凯尔特人皮肤尤其苍白和敏感，属于特例）。如果儿童一整年都经常在户外待很久，那么他们的皮肤慢慢就会适应阳光了。这个策略比躲避太阳光更有意义，毕竟皮肤损伤不是由于太阳，而是由于晒伤。害怕太阳是完全没必要的！

视力

当儿童图书讲到印第安人的时候，没有孩子会想象出一个戴着眼镜的人。现在我们知道了，这并不是刻板印象。生活在大自然中，敏锐的眼睛是不可或缺的。

让我们来回顾一下历史。大约 25 年前，眼科医生断言，患近视的儿童会持续增长。现在，德国儿童只有差不多一半不戴眼镜的。孩子们近视了，也就是说，他们看不清远处的东西。如果说在 20 世纪 60 年代往鼻梁上架一副眼镜的儿童会被人嘲笑，那么今天眼镜已经是他们的标配了。

这和眼球的发育有关。近视儿童的眼球在发育的过程中，眼轴长度（眼球从前到后的长度）增加，被晶状体折射的光线无法恰好落到视网膜上，看到的图像就变得不清晰了。

澳大利亚的研究者发现，眼轴长度的快速增加不仅仅是因为儿童看书或者使用电脑太久，更多的是与儿童接触的光线有关。如果眼睛每天接触亮光的时间少于两到三小时，眼轴长度就会快速增加！强烈的光线会抑制眼球的发育。"有一种近视眼减速器，"研究者伊恩·摩根说，"那就是：出去玩。"那些患上近视眼的儿童恰恰就不喜欢出去玩。在国际学生评估项目（PISA）备受推崇的亚洲城市，例如香港或者新加坡市，现在有 90% 的儿童患有近视，他们的户外活动时间平均每天少于半个小时（他们得学公式和单词，而这些东西会被德国的教育政策制定者猛烈抨击）。我们又要提到太阳光，以及它对大脑的影响了。眼科医生推测，在户外大脑会释放更多的多巴胺，而它能抑制眼球的发育！

其他的研究也得出了相同的结论。根据这些研究，近视的形成一方面与儿童近距离用眼有关，例如长时间盯着小的电子屏幕或者在昏暗的光线下看书；另一方面，更重要的原因在于儿童在室内的时间过长。哪怕室内的光线给我们的感觉已经很明亮了，事实上仍然比户外的光线弱百倍。中国的一个研究团队发现，儿童的近视率在夏天比在冬天增长缓慢 60%。

实验证明，六岁儿童如果能够每天比平时增加一个小时的户外时间，他们的眼球发育速度就能明显变慢。儿童每周的户外时间每增加一个小时，他们患近视的概率就能减少大约 2%。[8]

心灵的健康

古罗马人就已经知道了，健康应该是一个整体的概念。他们认为，健全的心灵源于健全的身体。也就是说，身体健康和心理健康是一个统一的整体。身体健康，心灵也能因此而受益，反之亦然。

怎么样才能获得健康的身体呢？适量的运动、良好的饮食、充足的睡眠，等等。遗传因素也不容忽视。然而，心灵呢？哪些因素对心灵的健康有益？如何才能做到身心健康呢？

方法有很多，有一点是可以肯定的。当我们能够体验到世界的关联性、美好和意义，我们就会感到满足。心理学家称之为"内聚性"。当我们在生活中感到自己很有能力（获得别人对我们能力的认可），当我们能够在社会上立足（有固定的社交网络），当我们在重大问题上有决策权（可以自决地生活和工作），这时候我们就获得了"内聚性"。我们内心的满足感，也就是自我价值感，与这三方面有关。[9]

这与儿童及大自然又有什么关系呢？关系很大。因为儿童需要与成人相似的条件，才能在生活中有幸福的感觉（我们在前两章中已经有所论述）。他们希望有安全感，希望自己有所长，希望凭自己的能力做事。如果能够借助自己的才能融入集体，他们将会感到非常幸福。

大自然会为他们提供帮助。大自然能够提供机会，让儿童感受到自己的能力（冒险游戏），自我效能感（比如拦截一条小溪），亲密感（儿童在大自然中坚定地为自己创造出家园）。

还有，大自然中的经历能够帮助儿童更好地管理自己的心灵。举个例子，睡眠。所有父母都知道，睡眠对于儿童的健康来说至关重要。不睡觉的孩子不可能是个快乐的使者。研究表明，除了庄重的入睡仪式（很重要），在户外玩耍得多的儿童睡得更好（这也适用于婴儿）。[10] 这很容易理解。因为，户外活动不仅可以消耗体力，促进血液循环，还可以让人身体内部的生物钟按照地球的运动去调节节奏——"白天活跃，夜晚安静"，这是我们的身体从大自然的晨昏中学到的（最新的研究推测，气温的变化也起了重要的作用）。儿童在户外也能接收更多的故事，这些故事到了晚上就会变成梦。

关于自我管理，儿童来到户外空间之后，往往能够更好地集中精力。[11] 是的，哪怕只是让坐在室内的孩子透过窗户看到外面的植物，他们解决复杂问题的速度都能提高，也能更少犯错误。[12] 实验证明，在室内摆放绿植的方法，可以让大学生们更好地集中精力。因此，有些心理学家认为，与大自然的接触可以不断地提高人的注意力。因此，研究者关注到大自然与注意力障碍综合征的关系（接下来我们会详细论述），就不是偶然了。

是的，在儿童时期与大自然建立起的联系，将会成为我们一生中保护心理健康的盾牌。[13] 否则，我们要如何解释这个事实：住在病房中的病人，如果能够看到病房外有很多树木，手术后会就恢复得更快？[14] 监狱中的犯人，如果牢房面向广阔的田野，患病的概率就会比那些牢房面向内院的犯人低24%？

注意力和活跃度

注意力障碍综合征，也被称为多动症或者注意力缺陷障碍，人们对这种疾病的讨论激烈程度胜过其他任何一种疾病。

稍等，疾病？针对这个问题，仁者见仁智者见智。有些人认为注意力障碍综合征就是一个教育上犯的错误：孩子们在屏幕前坐得太久，睡眠太少，缺乏管教。另外一些人认为，问题出在大脑上，患有多动症的儿童，其大脑的工作方式与正常儿童的不一样，这一点也得到了医学仪器的证实。还有一些人指出，问题可能在于现在的世界已经不能很好地适应儿童了：有些孩子就是需要多出去玩，但是他们却不得不接受世界给予他们的新任务。比起安静地坐着，他们更需要游戏和运动。

以上三种观点都有充足的证据。事实上，现代成像技术能够证实，某些多动症儿童的大脑确实发生了变化。大约三分之一的多动症儿童中在思维方式、感知方式、行为方式上有异于常人（例如精细运动技能障碍、特殊性发育障碍、抽动症或者感觉器官方面的问题）。[15] 这些问题有可能与大脑发育过程中外界的不良影响有关。这也就能解释了，早产儿以及母亲孕期吸烟或者酗酒的儿童更容易罹患多动症。研究中发现的食品中的农药残留与多动症之间的关系也能得到解释了。[16]

另外，儿童对情绪和情感的控制能力（第二章提到过的"执行控制能力"）一般是在童年早期获得，并且首先是在与照料者的关系框架当中。[17] 如果这些照料者能够为儿童提供一个"安全的港湾"，那么儿童就能毫无压力地探索世界，并在此过程中发展出对自己的信任，学习如何与自己相处。太多多动症儿童在他们童年早期就已经出现情感问题（例如有些儿童喜欢大叫），这个事实为我们提供了一个思路，也许我们可以在童年早期寻找到导致多动症的根源。

然而，可以肯定的是，多动症通常是一个适应问题[18]：我们要求孩子做到他们受到年龄或者性格因素限制（目前还）而无法做到的事情。这也解释了这样一个事实，在同一个班级当中，年龄较小的孩子更容易被诊断为多动症，而出生日期与入学日期之间的差值在疾病诊断中很少被人注意到的……德国境内诊断出的多动症患病率的分布特征显示，某些城市儿童多动症患病率是其他城市的两倍。最新的研究[19]表明，这种诊断结果十分不严谨，哪怕是专业的医生在多动症诊断标准方面也无法达成一致。

然而，评论家和主流的儿童精神病科医生在一件事情上意见统一：治疗多动症主要依靠药物，是因为环境对儿童不友好，尤其是本应该关爱儿童的地方，例如学校。著名的儿童精神病科医生阿尔弗雷德·亚当（Alfred Adam）在一次采访[20]中表示："是的，这就是让人悲伤的事实。如果学校体制能够给予更多的支持，我们就不需要用那么多药物了。我们总是有这样的经历：如果孩子能遇到善解人意、具备专业知识的老师，就可以事半功倍。"

我们不仅要相信和谐的师生关系所起的作用，还要相信大自然的力量。实验显示，儿童在户外环境中很少出现注意力不集中或行为问题，多动症儿童尤其可以从中受益。[21]如果儿童和青少年精神病科医生能够好好使用自己的专业知识，除了开发适合儿童的课程，还能给出更加专业的建议：增加儿童的户外活动时间（在这个语境下，自然活动家理查德·洛夫[Richard Louv]提出了"大自然自带的药物"，应该得到我们更好的利用……）。

完善的疫苗

理查德·洛夫在"让学校变得更好"的活动中提出要求："让儿童走向户外！"[22]这个要求非常合理，因为户外活动可以让儿童保持健康。

为了健康成长，儿童应该去户外吗？这个"为了"让我很为难。

儿童在大自然中能够收获的经历，应该是他们有声有色的童年的一部分，美好生活的一部分，不应该成为实现某个目标的手段。另外一种趋势我也觉得没什么用：健康越来越被视为一种服务。人们认为，儿科医生应该为儿童的健康负责。或者"活性益生菌酸奶"，或者有机食品，能让儿童保持健康。某些儿科医生的工作也太好做了，只需宣传一下疾病预防或者疫苗，虽然这些也确实是他们应该做的。然而，对于儿童的免疫系统来说，神奇的"完善的疫苗"应该是：运动，晒太阳，自然的光线和风雨。而这些在儿科医生的咨询谈话中，在学校和幼儿园的"健康活动"中却很少被提及。在我们对保持健康的方法有所了解之后，每一位儿科医生都应该发自内心地对他们的小病人（大多数其实并没什么病）说：出去玩吧！

思维之窗：慢下来

我们都有过这种经历：想要完成非常复杂的工作，必须有尽可能多的时间，不能着急。困难的工作绝对不能在时间紧迫的情况下，匆忙地完成。建立友谊不行，制造一件乐器不行，成立一个公司不行，为所有家人创造一个温馨的家庭也不行。同样，如果没有家人的耐心陪伴，儿童也不可能成长为拥有强大内心的人。

一个困难的计划，例如爬山或者建造房子，在时间紧迫的情况下是无法完成的。教育也不行，伙伴关系也不行，一个自决的丰富多彩的生活更是不行。任何不同寻常的，多年以后仍旧很有价值的事情，都无法在时间紧迫的情况下完成。在时间的压力下，人们制造出的东西都是易被消耗掉的、生命力短暂的，不会是有深度的、思想内容丰富的、生命力持久的、可持续的。时间不充足，就只能生产出急急忙忙、东拼西凑出来的东西。

在商品生产上，人们称之为批量生产，甚至为残次品。而在家庭中、幼儿园和学校中，由于我们没有为之花费足够的时间而制造出来的"人"——我们还没有找到合适的称呼，且如果儿童为未来生活做准备是匆忙完成的，那么结果一定不会好。

超过别人往往就能取得成功。但是，要完成一件很复杂的事情，不能把成功放在第一位，因为成功仅仅是做完了，尽可能快地达到目的而已。

我们能想象得到的最复杂的东西应该就是我们的大脑了。要在单个神经细胞之间、不同的神经细胞群之间，以及不同的大脑区域之间建立高度复杂的连接，大脑所需要的最重要的东西就是时间。

必须要慢下来，欲速则不达，因为大脑中的神经元连接种类繁多且十分复杂。人类大脑如此复杂，能够在我们的一生中都保持学习的能力，这要归功于以下事实：在生物进化史上，人类大脑的发育过程不是越来越短，而是越来越长了，我们需要越来越长的时间去完成这个复杂的过程，大脑发育得以慢慢进行。我们人类最近的亲戚——类人猿，它们的大脑发育过程一般三到四年就能完成，而我们人类大脑的发育过程要缓慢得多。

生物进化带给我们人类和人类大脑最重要的，不是加速，而是减速和变缓。这同样适用于我们人类从受精卵的第一次分裂，到胚胎发育，到婴儿时期，到青春期，再到成年人的整个过程。这一切相比于类人猿都变得更加缓慢，需要更多时间了。因此，我们来到这个世界上的时候，与同龄的类人猿相比要不成熟得多。社会生物学把这种现象称为幼态延续。由于我们的大脑发育得越来越慢，因此我们能够慢慢地学习很多，明白我们自己的生活中及和别人的相处中什么是最重要的。

当然，某个孩子是可以比其他人更快学会走路、说话或者骑自行车。我们也可以通过目标明确的早教手段让一个孩子更早获得某种能力。但是，这并不能让他的大脑发育得更好。他的大脑发育在某个阶段当然能超过他的同龄人，但是这并不意味着在未来的生活中他能比其他人过得更好。有些东西是我们成年人看重的，我们试图用自己的教育方法强迫儿童掌握的，而儿童必须用自己的大脑学到比这些更多的东西。我们都听说过揠苗助长的故事，实际上苗并不会长得更快。这让我们意识到，任何事物都在按照自己的生长规律和节奏向前发展，它们是不会因为外力的干预而加快速度的。对于我们的儿童来说，我们需要为他们提供尽可能多样化的成长空间，让他们有机会在那里学会他们今后生活所需要的技能和知识。

没人能从外部去塑造一个孩子。负责掌握技能和学习知识的大脑内部神经网络，只能在大脑内部形成。

对此，我们能做的是邀请、鼓励和启发。要做到这些，我们需要为儿童创造一个世界，在这里重要的不是要学会某种技能，获得某些知识，而是为儿童提供尽可能多的、尽可能多样化的机会，让他们去探索和创造，让他们去关注自己感兴趣的，能够吸引他们注意力和好奇心的东西。

这个世界能提供给儿童的探索经历，不论是复杂性还是多样性的程度，都是人为制造出来的、非自然的生活世界和体验空间所望尘莫及的。因此，儿童在我们的家里、幼儿园、学校、购物中心、电影院或者虚拟世界网络传媒中都是无法找到这个世界的。这个世界只存在于户外，在生机勃勃的大自然中。在那里一切都缓慢地进行着，一切的发生都需要时间。我们需要等待一朵花的盛开，一颗樱桃的成熟。在那里由生命自己决定何时生长、何时成熟、何时凋零，我们人类无权决定。在那里，儿童可以了解到，一切都慢下来是多么美好的事情。想要变得更好，必须要慢下来。

Chapter 4

我们为什么拒绝这个提议?

童年变得如此宝贵,
以至于我们的孩子都享受不起了。

——卡尔·奥诺雷[1]

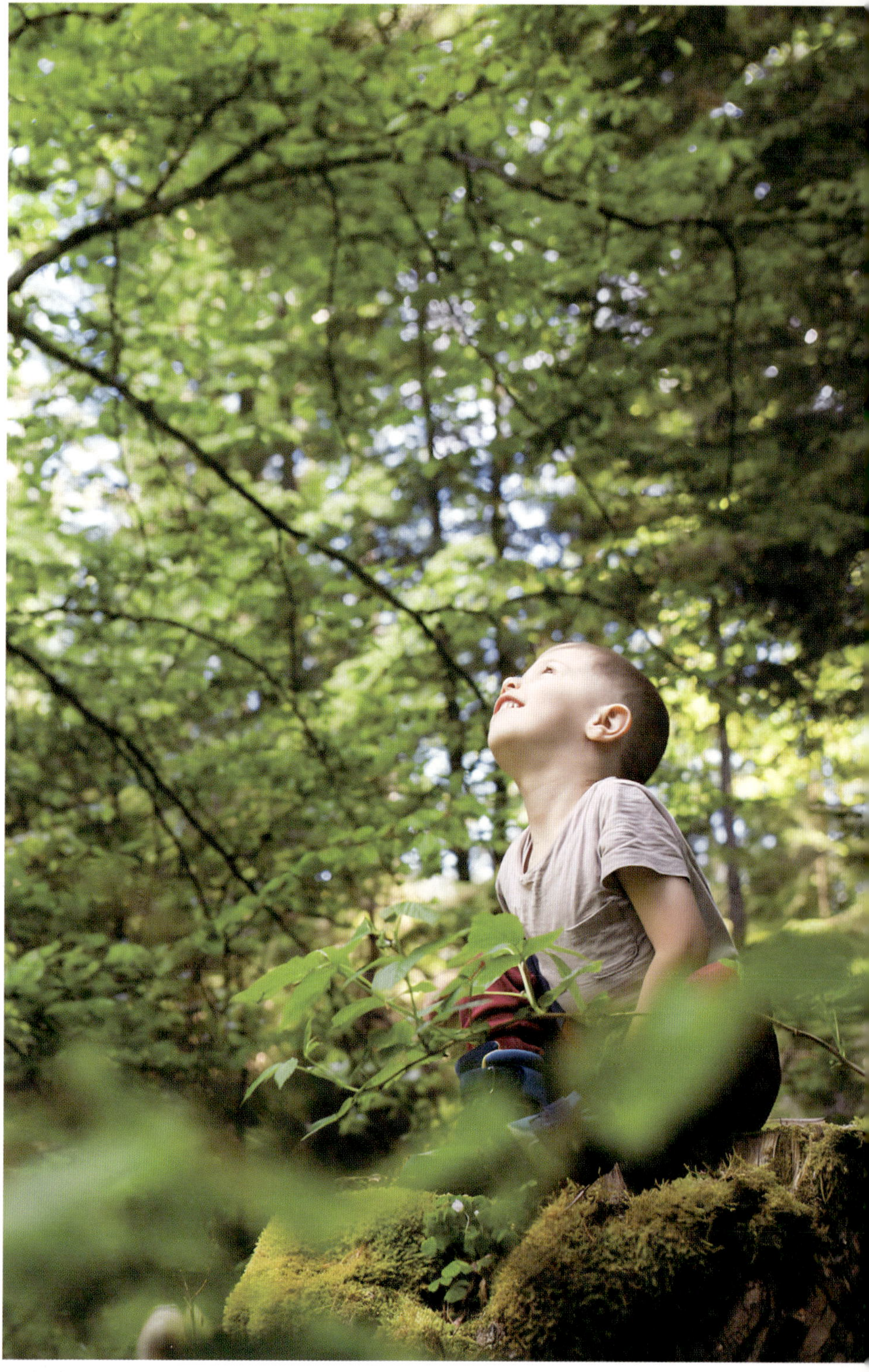

外面的餐桌已经布置妥当。桌上琳琅满目，都是有益于儿童成长的食粮，可以帮助他们打下坚固又抗压的基础。就连淡定的科学家都达成了一致意见：儿童在户外会展现出"更丰富的游戏行为"。在大自然的环境中，儿童的运动机能能够得到更好的发展。他们能够睡得更香，注意力更集中，身心更健康。

然而，孩子们在哪里呢？在户外吗？为什么我们就不能接受这么完美的提议呢？我们到底是有什么问题呢？

我们的顾虑

现在来说一下我们的顾虑。那些媒体，像花衣魔笛手一样把孩子们吸引到自己跟前。外面太过危险，毕竟外面也不是布勒比村，而是满是汽车的街道，还有许多可疑的坏人。不知大家听说过多房棘球绦虫没？

而且，哪里还有大自然呢？我们哪里还有时间去享受大自然呢？

所有这些顾虑都对，它们都是导致我们目前这种"无自然"状态的原因（因此我们接下来会逐条分析）。例如，我们孩子们的安全问题，就非常重要。

除此之外，事情还要复杂得多。30年前电视机里放的节目也不无聊啊；多房棘球绦虫30年前就有，蜱虫也不是今天才出现的；那些坏人也一直都存在……

哪怕是今天才流行起来的"没时间"也不能成为借口，室内游乐场和主题公园门庭若市，奥运会的运动项目也经受住了时间的考验，没有后继无人。

那么为什么我们的孩子们不再进行户外活动了？这个问题有着深层的原因，和我们成年人有关。

醉翁之意不在酒

诚实地说，我们对孩子们另有安排。我们对孩子们的童年有不一样的设想。扪心自问，让他们在大自然中疯跑，不是我们想要的，我们有其他规划。

在这里我想多说一点，因为我不想让这个话题变成关于罪责的辩论，也不想看到有谁因为一些他根本无法控制的事情而被钉在十字架上。

每一代人都有属于他们自己的童年。他们的童年如何，很大程度上取决于成年人的生活目标，他们是如何看待自己的后代的，他们是如何为自己谋求更好的生活的（因为这涉及教育的基本问题，因此我们将在第七章详细论述）。

那么我们今天的目标是什么呢？我们可以为这个世界挂一个标语——生产效率，尽可能多地生产、运输、使用、消费。是我们从盒子中放出了魔鬼。是我们挑起了竞争，最初我们以为竞争能使我们获益,哪怕这方面多一点儿,那方面少一点儿,最终所有收益都是我们的,我们也就因此实现了自己的目标:获得更好的生活!这就够了!

现在我们知道了,这场竞争与其他竞争没有任何不同,不仅仅有获胜者,还有失败者。有些人就开始盘算了:这样就够了吗?仅仅是现在这样的水平?

还有,在人们喊出"更高!更快!更远!"的口号时,世界是否已经在提速了?这个速度是否已经超过了我们的能力,我们人类自己的能力以及大自然的能力?

某些事实表明,不仅大自然的气候在变化,我们人类之间的气候也发生了变化。社会性的组织结构变得更加松散了。我们培育出胜者、大人物、实干家以及执行力强的人。我们给了"自我"自由的舞台,把"我们"留给了行善者、照料者、担忧者,留给了那些无法参加这场秀的人,因为他们可能还有其他职责,例如,教育孩子。

但是这些人也应该参与进来啊!大人们为这场竞赛提供的东西其实不适合儿童:他们得为了职业而获取更多技能,在这里上课,在那里实习;他们得保证自己有一份工作,而且这个工作不是随便什么工作都行,必须得有发展的空间,必须得特别,不用几年就换一次;这份工作不能平平无奇,如果谁都能干,就无法维持基本的生活开支。就这样,竞赛速度越来越快,越来越让人无法喘息,越来越多的人感到气喘吁吁而无法赶上这个速度。施瓦本人"干呐,干呐,盖大房子"的口号喊出了某些人的心声。

如果我们观察儿童,观察他们的速度,他们对充满信任、感情细腻、真诚的关系的渴望，对能够自由支配的时间的渴望，对感性的渴望，对简单、直接的经历的渴望，也许我们就能明白：我们创造了一个更适合成年人而不是儿童的世界。这个世界是成人化的，被刻上了成年人的烙印。儿童必须要适应它，有些能适应，有些适应不了。是的，我们可能不久以后就能去火星上居住，但是儿童能从中收获什么呢？

▓ 很多成年人对自己的生活模式是持怀疑态度的。但是我们又很希望能看到我们的孩子为这种生活模式做好准备。

我们惊叹，我们创造了让人无法置信的生产效率，我们造出了让人无法置信的房子，我们开上了让人无法置信的汽车，我们无所不知，无所不能！可是在这些无所不知和无所不能面前，我们忘记了，什么能打动儿童。

项目

我们把儿童的世界改造成了学校——早教！我们观察婴儿，这里也许能让他学到杠杆原理，那里可以放置一个具有教育意义的玩具，帮他纠正一个"错误"的单词——当然是充满爱意地。我们强迫儿童开始竞争。不管走到哪里，他们都在被我们打分、评价，他们未来的市场价值都在被我们估价。每一学年结束之后，我们对他们的打分甚至精确到小数点后两位数。我们为他们安排的"童年项目"，只有一点与童年有关，那就是这个项目发生的时间，是在这些孩子的童年时代。

我们面对孩子的时候心情很复杂。有害怕——我们提供给他们的是对的吗——也有不安。如果我们像工程师做项目一样对待孩子们——这儿拧紧一点儿，那儿加点润滑油，根据这个计划，根据那个图纸——那么我们怎么才能和他们交心呢？当然我们还有雄心壮志——拜托了，他们一定要成功！然而我们却无法回答最显而易见的一个问题：他们将如何立足于这个世界。

"我相信，大人是小孩子们的天敌，因为小孩子知道：他们想让我们变得和他们一样。"美国作家罗伯特·保罗·史密斯（Robert Paul Smith）1957年在他的名为《你去哪里了？外面。你干吗去了？没干吗。》的童年回忆录中这样写道。[2]

在其他方面忙碌

儿童的世界变得非自然化，这是符合逻辑的。我们不接受"去大自然"这个提议，也对。有项目的地方就有目标，就有手段。这涉及为未来做准备，为竞争做准备。因此就不能在大自然里撒欢，不能漫无目的地在公园里或者路边闲逛。我们已经完全无视了生活的基础——顺其自然地慢慢地成长和改变。

不，不是我们被剥夺了接触自然的机会，而是我们自己在大自然和我们之间设置了一道屏障。

我们缺少的是利用自然的自由，我们去忙别的事情了。

制订室内教学计划

我们对此感到怀疑。孩子必须一直保持竞争力，这让我们很不舒服。很多父母都喜欢忆当年，回忆自己童年时代的冒险经历。他们在讲述童年回忆时，眼中是有光的。但是他们又对当下儿童的境遇感到很遗憾，显然他们已经接受了这种不可逆转的趋势。

这种趋势很明确。1991 年公布的一项有关儿童生活轨迹的调查研究表明，儿童的活动范围，也就是他们能够自由玩耍和探索的空间，从 1970 年到 1990 年间缩小了九分之一。[3] 而从 1991 年到现在，我们有理由推测，这个范围还在持续缩小。而且对于很多儿童来说，还增加了一条电子项圈——哪个孩子没玩过手机呢？

因此，我们正在经历一个肉眼可见的过程，在整个人类历史上都独一无二：越来越迅速的儿童驯养。他们越来越被驯养在家里，在室内了。

而十分有趣的是，在室内，他们能够享受在户外无法享受到的自由。在户外不能玩的后院、不安全的建筑工地和腐烂的树枝，在室内也有了。但是是以另外一种方式——虚拟世界。虚拟的世界首先是一个成年人的世界，那里出现的大多数内容都是为了直接或者间接地宣传、售卖消费品的。因此，儿童的需求在互联网世界中是处于边缘地位的，这一点也不奇怪。

童年的丧失

这对儿童来说意味着什么？至少，他们的成长在成年人的诱惑下变得不一样了。用比喻的修辞方法说，他们的童年变瘦了，变短了。

什么，变短了？我们的孩子不是越来越晚独立了吗？他们独立生活或者建立自己家庭时的年龄不是越来越大了吗？他们有的不是30岁了还住在"妈妈酒店"吗？这些确实是事实，他们经济独立的年龄的确是史无前例地晚，但是这些与童年作为特殊的人类成长阶段没什么关系。我们这里讲的童年指的是心理上、身体上、精神上的作为儿童的经历。这个童年陷入了压力之下。这是个原本可以由儿童随心所欲的国度，现在被剥夺了。

而且并不是像工业革命时代那样充满强迫甚至暴力。那时候，儿童作为廉价劳动力，由于经济压力被迫丧失了童年。而现在的儿童是在潜移默化中丧失了自己的童年：儿童和成年人在一起的时间太长了，他们被带入成年人的消费和商品世界，被大人精心培养，为了参与到竞争中，他们被迫放弃原本属于儿童的东西，无法随心所欲地做孩子。孩子们多久能和小伙伴尽情地玩一次？他们能玩多久毛绒玩具？他们能在户外玩多久？他们能做的是：说话早，读书早，英语启蒙早——因为大人们觉得这些事情很好（至少比其他事情好）。孩子们的童年变成了我们成年人的"项目"。

现在孩子的青春期确实比两代或者三代以前的人提前了。然而，这并不仅仅意味着是激素偷走了孩子们的童年，还有我们对儿童的看法以及对待他们的方式——我们太焦虑了，只想让他们尽可能快地长大。当他们还是婴儿的时候，我们就希望，他们能马上"独立"——他们应该自主入睡，有烦恼的时候能自我安抚；然后又希望他们能尽早上学，这样他们才能尽快掌握作为成年人需要的东西。相应地，他们应该尽早戒掉幼稚的儿童游戏，玩偶对于幼儿园儿童来说已经是很尴尬的了。儿童越来越早地希望自己能够被授予象征成年人地位的东西：手机、发胶、化妆品、芭比娃娃造型（还有女生在青春期来临之前，喜欢在内衣里垫东西）。激素做不到的事情，我们大人都做到了：我们为孩子们描绘了生活目标——成功独立（并且好看）的职场精英。

代价

我们的所作所为制造出一种假象，好像我们的揠苗助长让孩子们把握住了未来的机遇，让他们能够立足于社会。但是，时代却发出了与之相反的信号。那些按照当下教育范式培养出来的国际精英真的能胜任创造未来的任务吗？如果我们观察一下那些领导，就会对此产生怀疑。

不，我们不能再稀释孩子的童年了。放眼未来，除了人口老龄化的社会，我们还有什么机会？我们的年轻人（德国人口中，18岁以下的未成年人只占16%，且这个数值还在持续下降）将面临一个巨大的转变。他们需要的是一种更全面的教育，而不是在既有模式下获得所规定的"成功"。有些托儿所宣传得天花乱坠（所谓的早教），但却缺乏人文关怀，我们仅仅把小孩子送到这里是不够的。我们把他们送到幼儿园，让他们学会听大人的话，尽早学会数学和英语，这也是不够的。他们能快速算出 1×1 等于几，但是却变得更加胆小，丧失了创造力，这有什么用呢？我们需要的是这样的人：他们像树木一样在森林中茁壮成长，树干粗壮，树皮坚硬，根系深厚；有活力，抗挫折能力强，社交能力强，富有创造力，有稳固的根基。

这个世界将会改变，因为它必须改变。我们的孩子以及他们的孩子未来必须要自己寻找答案，这个答案是我们作为父母现在无法给他们的。我们为他们欠下的债，将来要靠他们自己去还。未来的世界没有幻想，有的只是持续的发展。谁还会相信，自由市场经济能够创造一个更好的世界？一个尽可能少地受人操控的系统会有人情味吗？在一个人人为自己的社会中，人还会兼顾所有人的利益吗？还有人会相信我们创建的这个世界，最终会为所有人提供自由和财富吗？我们轻信的后果是，我们的孩子需要为此付出代价。他们需要重新定义"精英"，推翻我们之前的想象。他们需要寻找一种生活模式，能够适应大自然的极限以及我们人类的极限。

为了找到答案，他们必须要完成我们无法想象的任务，开辟许多新的领域。他们必须能够很好地利用自己的风帆。

我们现在经历的童年时代的缩短，已经在历史上得到反复测试。从中世纪的上层贵族到现代，孩子的童年被成年人掌控——那些遗产继承人以及王位继承人在女仆、管家、教养员和家庭教师的严密管控下长大。我们翻开历史书就会看到，那些穿着貂皮大衣的

> 傻瓜虽然书写了世界历史，但是他们的问题很多。

那么，我们还在等什么呢？出去啊！

一切论据都证明了，我们必须走出去。我们要找到突破口，给予儿童更多的自由和空间，让他们能够扬起风帆。还有什么比大自然更适合作为儿童天然的学习和训练场呢？

这个问题我们会单独作为一章来详细论述。现在我们要讨论的是，突破必须由我们开始。

我们要为儿童寻找怎样的教育？对于我们来说，什么才是成功？难道我们要去询问一所新幼儿园中的幼教老师关于英语课的问题？或者问问他们有多少森林日？他们是否会去公园露营或者他们是怎么看待"自由游戏"的？

最终的问题是，对于我们自己来说，自然是什么？天真烂漫的童年已经淡出我们的生活，这不仅与时光流逝、城市化等因素有关，还是一个内化的过程。我们打扫庭院（它们之前不干净吗？）的同时，也为自己筑起了藩篱，远离了荒野与自然。我们能在哪个花园里肆无忌惮地撒欢呢？

改变生活世界

走出去！要做到这一点，只有托儿所和学校一起行动才行，因为现在的儿童越来越多的时间都是待在教育性的机构中。在托儿所里的小孩子要做的事情也越来越多了：开发这个，促进那个，所有活动——语言、运动、社会能力、自然科学、数学等都要记录下来。而且总是有一些专家或专业团队参与进来，想要作为教练、老师、活动组织员待在孩子们中间……幼儿教师和儿童在日常相处时，他们共同的活动和经历也不能自主。在这种教育性质的活动中，幼儿教师也被榨干了，他们被迫成为完成研究课题的帮手，他们需要和孩子们一起喂饱"肥胖的教育恶龙"（安克·鲍尔曼语[Anke Abllmann]），而面对家长的时候，还要表现出"这就是孩子们所需要的"。这条路走下去也只有一个方向：走出去！在室内费劲拼拼凑凑出来的东西，外面都有：语言、运动、社会能力、自然科学、数学！

学校也需要大自然作为自己的第二课堂。让孩子们坐在同一个地方四十五分钟一动不动，这本身就很不合理；孩子们内心也是很抗拒的。教学时间的长短肯定不是为孩子们量身定制的（否则，年龄更小的孩子上课时间应该更短才对）。是的，它完全没有经过教育学价值的评估，而是按照修道院僧侣们的生活节奏遗留下来的规定而已。而那些人都是成年人，并且其中很多是老年人。很多孩子在学校上课的时候会走神，这一点儿也不奇怪。只是我有个问题：为什么大家对现状很满意？为什么很多教师不多思考一些？每个人仿佛都在兴高采烈地谈论孩子们在校属乡间里的成长。如果在学校日常生活中也能这样该多好啊，如果学校能有自己的花园当然更好！但是，我们如何获得这些"素材"呢？

如果不重新理解这些"素材"，所有事都将无法进行。在学校是这样，在托儿所是这样，在家也是这样。

思维之窗：同理心

如果想让我们的儿孙们在这个世纪末还能居住在地球上，那么我们就要逐渐停止这件事：让我们的地球逐渐失去所有人类发展所需的东西——富饶的土地、清洁的水源、健康的空气、生物的多样性。尤其是最后一项，地球上所有生物在亿万年中形成了生物多样性，而我们人类也是从这个大的生态环境中发展起来的。地球上的植物、动物、微生物比我们人类更早出现在这个星球上，我们与它们的关系非常密切，我们也极度依赖它们，如果没有它们，我们人类将无法生存。如果没有身体，就没有大脑；如果没有父母，就没有孩子；如果没有其他人，我们也就无法学会某种技能，无法生存，无法繁衍后代；如果没有这颗神奇的蓝色星球，以及所有这些只有在某种条件下才能存在和发展的多样化的生命形态，我们人类也将不复存在。

我们仅仅是众多生命形态中的一种，我们需要其他生命形态，我们与之互相依赖、紧密联系。然而我们是唯一一种，不仅有能力破坏自己的生存环境，而且还能破坏其他物种的生存环境的生物。

虽然现在一切还为时不晚，我们破坏性行为的后果还在可控范围内，我们还能让彼此相信，我们有能力掌控一切，并且我们目前造成的损失是有限的。我们可能还有时间，但是时间也不多了，得在我们的子孙清晰地感受到"不能再这样下去了"之前采取行动。

因此，现在是时候了，我们不仅要意识到，我们已经把这个美丽的星球变成了荒漠，而且还要认识到，我们是地球上唯一一个有能力认识自己的行为后果，改变我们的思想、感觉和行动的物种。接下来我们要做的是，承担起保护和重建生态环境的责任。这不仅有利于我们的后代，而且有利于所有其他物种的生存和继续发展。

只要我们想做，我们就能做到。但是我们并没有行动起来，因为人们想做的只有他们真心在乎的事。我们可以告诉孩子们，我们不能继续像现在这样生活。但是我们其实并没有感受到切肤之痛，我们的内心并没有受到触动。因此，我们还是一如既往地生活，没有良心不安，没有内心煎熬，没有腹痛心痛，没有腿软冒冷汗。

我们希望，我们的子孙后代能在这个星球上有家的安全感，他们的各种天赋和能力能够得到充分发展，他们可以幸福地生活。我们不希望看到以后他们指着我们的鼻子骂，不希望看到他们面对我们留下的烂摊子束手无策的样子。但是，我们依然还是什么都不做。因为，这些设想并没有真正触动我们。事情真的发展到那种地步的时候，我们早就不在了。我们总是在谈责任，但是却从不承担责任。因为，这些责任并没有真正触动我们。下一次旅行的目的地定在地球的另外一端，这也没什么大不了的。在梦里被我们的孙子问"为什么七星瓢虫都不见了"，我们也不会满身大汗地惊醒。多少孩子现在生活在毫无人道的环境中，贫民窟、垃圾堆，在这里收集他们人生中最重要的经历。这些经历深深刻在他们的脑海中,将在未来影响他们一生,决定他们内心的观念、思想和期待,而这些孩子正是这个世界未来的建造者。

我们可以测量和记录一切,我们可以演算、观看,但是我们并没有感受到切肤之痛,并没有感受到足以让我们做出改变的东西。

我们丧失了共情能力,不仅仅是与其他生命形态,而且是与我们的同类,与我们的孩子们。不是对他们表示同情,而是换位思考,站在他们的立场去感受,是什么触动了他们,他们缺少什么,我们能做些什么来让他们过得更好一些。如果我们真的能够拥有共情能力,我们也就做好了准备去改变自己和自己的生活方式了。

脑科学家早已证实了,人类哪怕到了老年依然能够改变自己,改变、扩展、补充大脑中既有的思维模式。但是没有任何记忆力训练、劝说以及威逼利诱能够帮助大脑做出改变。为了让大脑或者说脑前额叶中发生变化,让人改变他长久以来已经习惯了的观念、态度以及生活方式,就必须激活我们大脑中负责情感的区域。往往只有深入骨髓、震撼心灵的刺激才能做到这点。但是,如果人们仅仅是想一想其他人和其他生物,只是观察和谈论他们,就还不够。只有当人们用心去感受,与他们共情,才可以。

小孩子还可以做到共情。当妈妈感到不舒服的时候,或担心、害怕的时候,孩子都能准确地感知到,哪怕妈妈假装一切正常。同理心不是人们需要学习的东西,孩子们的共情能力也不是被"教"出来的。我们更应该做的是确保孩子们不弄丢这个能力。很多孩子在成长的过程中丧失了这种能力,成年后几乎没有同理心。这个事实表明:压抑这种特殊的能力显然比保持它更容易。鉴于儿童在成长过程中与其他人交往而获得的经历，鉴于他们每天看到的和听到的人类的不幸遭遇，他们很快就学会了压抑自己的同理心，这一点也不奇怪。同理心如果频繁受到压抑，那么终有一天会彻底消失。然后，我们的孩子们就和我们一样没有同理心了，他们就会像我们一样冷血地旁观别人的悲惨和不幸了，也会和我们一样继续这样生活下去了。

然而，还是有希望把我们的孩子从这个世代相传的冷漠中解救出来的。方法就是，至少在一个领域让他们保持自己的同理心。

有些地方不需要他们保持同理心，比如看到其他人遭受不幸或者受到过分的要求，同理心会让他们能体会到无法忍受的痛苦。而有些地方需要保持同理心，这能让他们感到幸福和精神富足，不会心情紧张，例如与小动物待在一起时。当孩子们能够和他们的小狗、小猫、小马或者其他生物，甚至是一株盆栽共情，尝试去体会和理解，对方喜欢什么、不喜欢什么，他们就已经获得了这种能力。然后，他们就会感到在他们和其他生物之间有一条看不见的纽带，他们能感受到对方过得好不好，需要什么。这不仅能使他们之间的关系得到强化，而且能让双方都感到更舒服，也更信任对方。而这种通过共情而产生的亲密关系会让儿童产生责任感，他们会对这个小动物或者植物负责。并不是因为他必须要负责任，而是因为他想要负责任；不是出于理性的考虑，而是由于感性的需求。

如果孩子们能够在与其他生物的关系当中体验到，共情可以让人变得幸福，让人的生活变得丰富多彩，那么他们就不会再压抑自己的共情能力。

在今后的生活中，他们也能把这种共情能力扩展到对其他生物和其他人的关系中。保护和维持其他生物以及人类文化多样性的问题才能成为他们真正关心的话题。他们也能时刻准备好调整自己的生活，让这个世界上的所有生物都不必因受到人类的威胁而产生生存危机。他们也不会弄丢了把人类和动植物区分开的本领：同理心。

Chapter 5

室内活动，电脑和儿童游戏

> 我感觉现在的年轻人非常有意思。当然了，以前的年轻人也这样。有一些愚蠢的人，一些爱寻衅滋事的人，一些蠢笨的人，他们一辈子除了让别人烦躁，也没什么成就。还有很多有意思的人，他们充满好奇心，他们相信自己能够改变世界。一切都一如既往。……我们不用焦虑，把这些年轻人当作我们中的一员就好了。把他们当作我们必须爱和保护的人，而我们不是要保护他们远离网络，而是保护他们不受像我们这样的成年人的伤害。
>
> —— 茜比勒·贝格（Sibylle Berg）[1]

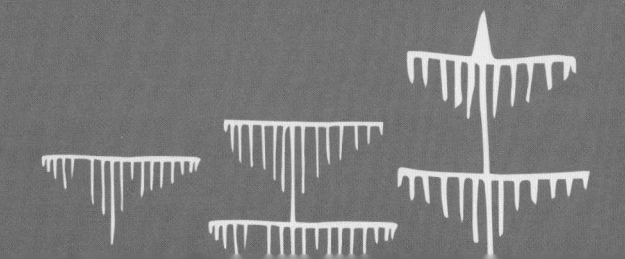

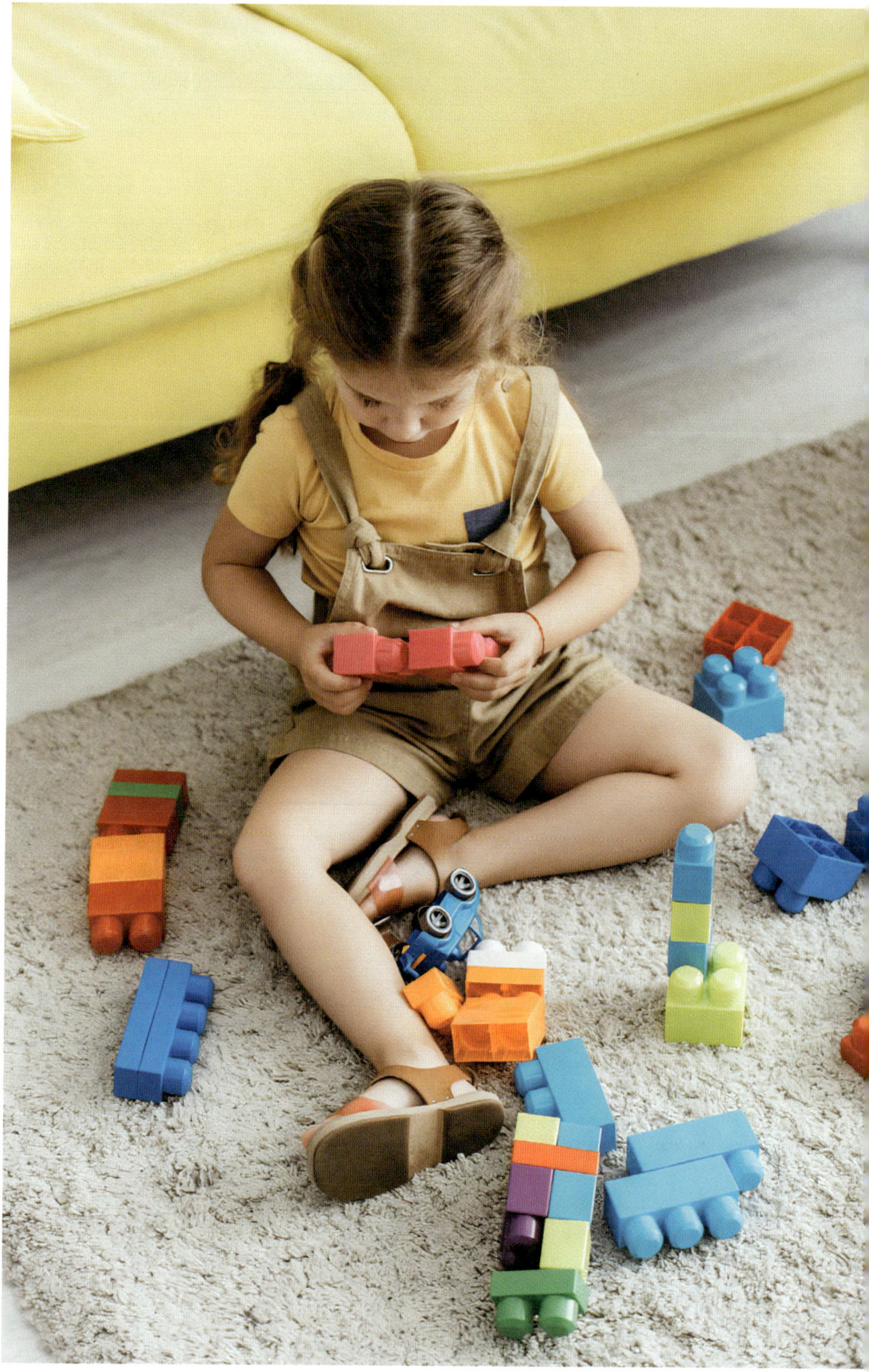

对童年的压力不仅仅来自成年人。为什么儿童从户外转移到了室内,而不是反过来?其第二个原因是,室内的世界变得更加有吸引力,更加自由,更加有趣,更加丰富多彩了。以前,孩子们必须出去才能见到小伙伴,和他们一起做自己喜欢的事情。而现在,儿童似乎只有在室内才能更安全地玩耍——他们的父母不是去上班了,就是去参加进修了,或者去上瑜伽课了,和小伙伴们的见面可以通过聊天工具。任何一种电子屏幕都能给儿童提供一个全新的世界,里面有游戏、故事、冒险经历。越来越多的儿童都已经直接拥有这样的电子产品了;拥有电子产品的儿童,年龄也越来越小了。

因此,儿童的世界已经完全由户外转向室内了吗?

在这本关于大自然的书中,我们要讲一讲电脑、智能手机和网络。与儿童打过交道的人都知道,这不仅是合适的,而且是不可避免的。家里有孩子的人也知道,这个话题不简单。因此我要提前告诉大家:这一章没有什么一鸣惊人的论点,我们不谈电子媒体自由,也不谈远离电子媒体。我也不会给大家提建议,例如某个年龄段的儿童每天使用电脑几个小时是合适的。我们要讲的还是本书的主题:儿童成长。儿童如何学习说话,如何建立"心智理论",如何使用他们的想象力。

奖赏

让我们快速回顾一下第二章中提到过的儿童成长的源泉。儿童从中汲取力量，建立自己的"根基"：直接、自由、挫折、亲密关系。只要有机会，他们就会从中汲取力量，不论是在户外还是在室内。游戏研究表明，儿童在以下状态中最能享受游戏的乐趣：感到很舒服，收获基础的、直接的经验，发挥主观能动性，自由地决定和改变游戏过程，在游戏中与他人（或者地点以及事件）产生关联。

如今，我们通过神经生物学的知识了解到，儿童从这些成长源泉中获取的魔法药水是如何起作用的。儿童收获的好的经历会影响脑代谢，刺激神经递质多巴胺的形成。而多巴胺作用于大脑的"奖赏中心"，让它发热。这种发热对大脑其他区域有安抚的作用。因此，大脑就能够学得更好，更容易记住东西，感受也更深刻。

媒介的魔力

这种魔法药水不仅可以从现实世界获得，而且可以从故事中获得。同成年人一样，儿童也会把自己带入到故事中。在这个世界中经历故事情节，好像一切都是真实的一样。别人虚构出来的故事，却能触动我们的灵魂，就好像我们自己曾经亲身经历过一样。我们人类如此喜欢故事，这并不是偶然。什么样的故事最扣人心弦？我想应具备一些要素：它们在现实生活中能刺激我们大脑中的奖赏中心，它与能动性有关，与克服困难有关，与归属感和安全感有关。

儿童经常让我们"再讲一遍",这一点儿也不奇怪;再重温一遍神奇的故事;再回顾一遍细节,再感受一次害怕和勇气;再喝一杯神奇的长生汤。由此,我便知道路该怎么走了。

技术上得到优化的叙述方式

这里我们要讲的是媒介。其实篝火旁的讲述已经算是"媒介"了。非亲身经历,即虚构情节,与我们自己的世界之间有中介:我们的感知、情感和思想。这里一直都有润色、阐释和改编、评价和评判、幻想和离奇的空间,也就是故事的空间。人们对这种虚拟的宝藏总是欲求不满,它们也会出现在歌曲、舞蹈、游戏、神话和童话中。"再讲一遍!""继续啊!"这一定是远古时代篝火旁最常听到的儿童的要求了。

之后,故事插上了翅膀。首先是文字的发明,接着是印刷术的发明,再后来又出现了电话、收音机、磁带,最后是图像。图像甚至学会了奔跑,它们跑过大荧幕、电视机屏幕、电脑显示屏,现在甚至可以通过VR(虚拟现实技术)眼镜直接跑进了我们的眼睛里。有些人甚至幻想有一天可以发明一种直接安装在我们视网膜上的电脑芯片。

我们人类靠故事活着。是的,我们一直在讲故事。我们的思绪还没有休息一小会儿,我们的想象力就又开始在最奇异的舞台上奔跑了。我们的大脑是一台真正的讲故事机器!甚至在我们睡觉的时候,它仍然在工作。有人猜测,世界将在所有故事都讲完以后毁灭。

思想与警示

现在我们面临一个问题：故事的讲述方式日新月异，越来越充满技术含量，这对我们有什么影响？它是如何改变我们的世界的？它又如何改变了我们？我们用耳朵、眼睛、2D还是3D的方式接收故事，是模拟的还是数字的，对于我们来说意味着什么？

通常情况下，我们总能听到一声震耳欲聋的警告：小心新式陷阱！柏拉图很早之前就警告我们不要读书，因为读书会损伤我们的记忆，抹杀我们辩论的能力。受过良好教育的中产阶级（至少是其中的男性）一直到20世纪初都还受到这样的困扰：读小说会让淑女世界的道德标准受到损害，让她们在履行妻子和母亲职责的时候大打折扣。那时候人们就提出了要求：设定界限！事实上，那时的不少男士都认为，禁止女孩接受学校教育可以解决媒介问题。（这种思想的另一个理由是："学校越好，乳汁分泌越少。"麦比乌斯医生在1900年出版的书《女性生理学痴呆症》这样写道。他在书中还指出，要把内容和媒介区分开来看待。）人们也对第一批电影院发出了警示：这种可以移动的图像一定会让观众发疯的。其实，漫画才是真正的魔鬼，它能让读者变得像漫画书中的人物一样单纯而无个性。收音机受到了更猛烈的抨击：它剥夺了儿童的内心生活。60年前，所有父母都认为自己孩子的教育事业陷入了危机，因为他们的孩子被一个不靠谱的男人控制了，那就是卡尔·梅（Karl May）。

每次出现新的媒体，我们都要去习惯它吗？我们首先是抱怨，不久之后又开始嘲笑自己之前的抱怨，这是不是也属于媒体革命的一部分呢？那些因魔兽争霸、社交软件和抖音而担忧的父母，他们错了吗？

是，也不是。

无由的担忧

他们错了，因为他们的很多担忧都缺乏根据。新媒体经常被一股脑地扣上"内容低俗"的帽子。然而，为什么一种新的讲述方式一定会破坏故事本身呢？为什么写在纸上的故事一定比电子屏幕上的故事好呢？翻看"女性杂志"也好吗？浏览那些治疗蜂窝组织炎的广告也好吗？网络上（正如互联网批评家基尔特·洛文克 [Geert Loovink][2] 所抱怨的那样）有关"自我表述和自我反思"的东西有什么害处呢？在纸质媒体上读到（或者在收音机里听到）某个"明星"又开始戒毒治疗了，难道这是更有趣的吗？

现如今新媒体被扣上的帽子，事实上并不是什么新鲜事。人们抱怨最多的是，对媒体的消费限制了其他（可能"更有意义的"）活动的时间。如果我们细心观察就会发现，人们所谓的"其他活动"可能是孩子手里拿着一本书去玩《牛仔和印第安人》的游戏（并且可能还会有暴力因素），或者他们和汉妮与南妮一起参观寄宿学校。

对新媒体的指控中最新的一个应该是：脱离现实！可是，这显然是所有媒体的商业目标。每一本好书都像一只手，把人从现实世界中拉出来。所有有能力的媒体都会为人们展现一些无法理解的东西，一些比生活本身更大、更好、更美和更可怕的东西。

另外一个指控总喜欢引用脑科学研究领域的结论，但又总是泛泛而谈，缺乏严谨性。例如，电脑会让儿童养成"即时满足"的习惯，也就是对行为和成绩立刻做出奖赏。这会让他们紧紧抓住短期目标不放而放弃长远目标。脑科学家苏珊·格林菲尔德[3]曾这样说道："我担心，未来的人类会变得太幼稚，他们会像小孩子一样生活在一个只看字面意思的世界中。他们能够正确而迅速地对电脑的输入指令做出反应，但是却失掉了内心的理智，而这才是几千年来人类智慧的标志。"计算机的发明被视为西方世界堕落的开始。当然，计算机里有很多游戏是和"即时满足"有关的，就像一些纸牌游戏一样。但是，计算机也产生了很多次要艺术、微缩艺术、原创手工、信件、商业创意、博客、拯救世界的倡议（不仅仅是治疗蜂窝组织炎的广告），由中小学生发起的时尚潮流，由大学生发起的拼车服务中心等。对于很多人来说，计算机为他们提供了唯一的希望，让他们的孩子能在这个全球化的世界中找到一席之地。因此，针对"计算机"的一面之词未免有些草率了。

另外，新媒体也应得到我们的辩护。它们经常要承担一些原本不属于它们的责任。例如，现在的儿童变胖、变懒，出现行为问题，都被归因于儿童在使用电脑和网络时没有受到应有的保护。尤其是暴力行为与电脑游戏之间可能存在的联系，也被人们想得太严重了。一位母亲在读者来信[4]中描述了这样的（讽刺性的）问题："有一天我们的孩子这样吃惊地问我：我们爷爷奶奶那一代人，又没有电脑游戏作为草图，他们是怎么搞出第二次世界大战的呢？"

对媒体的抨击太简单、片面了。儿童的成长处于压力之下，这一点是对的。然而导致这种现象的原因是儿童生于其中长于其中的整个世界。很多儿童成长问题的背后很明显是关系问题，即支撑儿童成长的有价值的联系和关系的缺失。并不是因为互联网放出了盒子里的魔鬼，儿童才有了"障碍"。有问题的个性并不是由于儿童看了有问题的电视剧才产生的[5]，而是因为他们在社会化过程中出现了问题[6]。

这也适用于儿童问题中最可怕的一项——几乎频繁发生的*持凶器伤人*。人们对这些作案者的履历进行分析后发现，导致他们做出这种残忍行为的原因是他们儿童时代经历的各种扭曲的关系：从家庭成员间的亲密关系障碍，到日常生活中的严重伤害，再到虐待。因此，仅仅用关系问题来概括并不合适。如果我们把这些孩子经历过的社会性的忽视仅仅看作是媒体问题，那就太悲哀了，也太不负责任了。当然，这些作案者中很多人都曾过度使用过电子媒体（但是不是所有人），大多数也是以暴力游戏的形式（但是也不是所有人）。这些儿童对对抗类游戏的消费没有受到限制，是某些深层问题的表现，而不是问题的原因（但这并不意味着暴力游戏是好的，是正确的）。

并不是宣告无罪

我们因此就可以说新媒体是完全无罪的吗？当然不是。尽管上述对新媒体的指控缺乏依据，然而父母的很多担心是不无道理的，我们应该严肃对待。

一方面，儿童已经成为新媒体的受众。这些设备研发者的目的是让设备的使用变得更加直观，尽可能地简单，小孩子也能使用。

事实上，现在的手写板和智能手机就连"傻瓜"也会操作，而且还能用语音控制。以前孩子们想听故事只能请求大人"再讲一遍"，这样才能让大脑中的多巴胺再分泌一次；而现在，儿童自己坐在电脑前，通过触摸屏或者语音输入的方式就能听到自己想要的冒险故事。新媒体的使用如此便捷，随之而来的是一个危险，即"不相干的"使用（这一点我们之后还会讲到）。

诱惑的潜力是巨大的。媒体开发者的意图是为使用者提供一个理想的经验世界，在这个世界中多巴胺的释放能做到尽可能地简单、集中和持久。这样，使用者和数字世界之间的相互影响就会越来越深刻。游戏操作杆、触摸屏以及语音输入设备在使用者和游戏角色之间创建了直接的感官联系。网络交友，或者其他形式的反馈，甚至直接满足了用户的社会需求。使用者可以感觉到自己作为一个族群的成员与其他成员一起在为一件很好的事而努力。在不少游戏中，用户可以自己决定自己喝多少魔法药水，那不是可以随心所欲了吗？纯纯的多巴胺！如果我们回想一下糖果的世界，那么就能发现它们遵循的是同样的原则：以前，对甜食的渴望把孩子们吸引到了成熟的莓子（或者蜂巢）面前，现在的孩子被吸引到了士力架等面前。就是因为这些东西无与伦比地好吃，所以孩子们才趋之若鹜。电子产品的诱惑也是一样的：3%~5% 的儿童沉迷于对抗类的游戏，导致他们有了游戏瘾，也就是说他们的日常生活以及生活的内容全部围绕着这些游戏。

接下来我们来一起看看，这件事的影响有多深刻。在此期间，社会媒体坚持关注人们的情感反馈：人们评价和被评价。人们给出"点赞"或"差评"，反过来也得到"点赞"或"差评"。并且这一切都是在一个"高压锅"一样的密闭、高压环境中进行的。因为人们和谁互相影响，不是由自己的喜好决定，而是由计算机的"算法"说了算。计算机不仅会向你推送最棒的，而且是和你很像的人：嗯，你们现在可以互相比较一下了！

许多应用程序，尤其是游戏，根本没有结束设置，对新媒体的过度使用也与此有关。线下游戏，比如"抓帽子"或者"九子棋"，判定游戏结束的标志就是只剩下一颗子了。卡尔·梅的书都有读完的一天，但是魔兽世界或者其他网络游戏即使过了午夜仍在继续，并且从来不会缺少玩家。就算有人要求上厕所，游戏还是会继续。

无处不在。书也像智能手机等设备一样可以随身携带，但是整个图书馆和媒体库就不行了。如果给每一部手机配备一个投影仪，那么我们就能随时在任何一个光滑的平面上看电影了。电影库和游戏库随时开放，有了宽带，世界上的任何数字媒体设备都能瞬间获得资源，并且大多数还是免费的。但是这并不意味着，人们只是用它来玩游戏和看视频，虽然过度使用的危险总是与新媒体"乐园"的存在捆绑在一起。

那么，内容呢？

现在我们要谈的是内容问题，而且是教育的中心问题：哪些内容和经验对于我的孩子来说是正确的，哪些是不对的？我们会针对这些问题的不同回答来布置我们的生活环境。父母会把少儿不宜的书或杂志藏在沙发后面，贴身内衣也不会放在衣柜里衬衣旁边。隐藏也是一种重要的社会工作：我们有未成年人保护法，法律负责让商店和酒馆坚持"正确的"选择。如何整理售货亭中的合法商品，并将它们呈现在孩子们面前，已经是一项很考验人的工作了。

现在，情况不同了：儿童可以在网上获得一切他们想要的东西，并且是毫无障碍地，绝大多数东西还不会挂着烦人的价格标签。通过网络，世界变得像玻璃一样透明了。哪些东西对于儿童的成长是有益的？这个问题过去得到的回答太随意了（而且经常是错误的），不过现在至少在社会层面上不会再有人提这个问题了。现在每个孩子，只要他想，就能在网上看到犯罪的过程。他还可以在网上参加虐杀小动物，就其残忍程度而言，尼伯龙根的故事与之相比只能算是晚安故事了。而且在刷智能手机的时候，随处可见的广告就会把他带入另一个情境中：他被潜移默化地培养成一个自愿的、随时做好准备的消费社会的志愿军。

我承认，有些事描述得有些夸张了。然而，这样也许是好事。因为尽管不少科学家致力于研究新媒体的消费是否会以及以何种方式让儿童发生改变，但是数字化浪潮开始后25年，我们还只获得了几个提示而已。题目本身已经解释了原因。人们现在已经不可能再做纯粹的实验了——在实验中分配给儿童不同的习惯，等多年以后来比较结果：周一出生的孩子属于高消费群体，周二出生的孩子消费较少……而某个孩子被归入这个或那个组别，并不是偶然的，而是与他的生活环境相关，与他的个性有关，也与他的问题有关。这也解释了以下现象：这些研究考察的是媒体消费对人们个性、价值观以及生活方式的影响，但是它们经常自相矛盾，每个人都会根据自己的立场而引用符合他立场的研究结果。

事实上，围绕着过度使用新媒体对青少年造成的"伤害"问题，科学界也存在着巨大的争议。一些研究者认为，使用新媒体对青少年几乎没有伤害。心理学家艾米·奥本认为，戴眼镜的消极影响比使用新媒体更大。[7]另外一些心理学家表示强烈的反对，并且援引的是同一组数据！他们认为社交媒体会对青少年健康产生很大的影响，对此他们引用了一组对比强烈的数据：社交媒体对青少年的影响，至少是对女孩子的影响，比超重或者体育运动的影响更大。这种影响甚至可以与使用毒品的影响媲美！[8]

在这巨大的争议背后是一个同样巨大的问题。为了得到可能的结果，科学家用数学的方式来计算媒体对青少年健康的不同影响。然而，我们不知道，某些影响是如何发挥作用的，它们是否只对那些没有参与问卷调查的人有效。也难怪，每个阵营都只引用对自己有利的数据。

事实上，一切都是评分的问题。有些研究表明，经常玩电脑的孩子，大脑皮层更厚，在智商测试中得分更高。[9]但是，这意味着什么？我们应该把孩子们都赶去玩电脑吗？这样能让他们变得更聪明吗？这样做会对孩子有什么其他影响吗？我们可以用其他领域减分来换取智商加分吗？研究的问题也经常局限于那些容易测量的问题上：使用新媒体会让儿童产生心理问题吗？他们会在现实世界中遇到问题吗？这些问题回答起来比"新媒体对儿童性格发展的影响"这类问题简单得多，例如这个孩子使用新媒体和不使用新媒体，使用新媒体多或者少，他会变成不同的人吗？这类有关深度的性格影响的问题虽然回答起来不那么容易，然而却是至关重要的。

对于我来说，这也是原因之一，为什么在这种问题上我们要动用自己健全的人类理智：青少年生活中发生的其他什么事也有可能对媒体消费有影响？毕竟影响青少年的健康以及心理成长的因素有很多。量的问题肯定有一定影响，因为问题不仅仅是"儿童在网络中经历了什么"，还有"他们错过了什么"。内容也有一定的影响，毕竟这些年轻的用户会用这些内容去装饰自己的一部分内心世界，以及通往自我之路，还有在爱情上，在生活上，在他们擅长或者不擅长的领域。[10]因此，我认为某些观点不是很成熟：一切都跟原生家庭关系有关。原生家庭关系好，一切都好？我认为，事情并不是这么简单。人们背负的各种关系是一种保护，这也与媒体研究的结论相符：媒体消费的很多影响都与预先存在的"关系"影响有关（例如痛苦的童年记忆，薄弱的关系网或者家庭中的高压氛围）。只不过，那些保护因素只是让一个孩子不那么敏感，只是削弱了不利影响，它并没有因此就成了中和剂。

一片真正的热带丛林

这真是一个复杂的、充满矛盾的世界——一片热带丛林。到处都是果实，五彩斑斓；到处都是沼泽，危机四伏。这里潜伏着猛兽，但是也有很棒的池塘。这里永远都有新的生物在肆意生长，在每一个角落，在地底下，在地面上。这里有这么多荫翳，也有这么多阳光！荫翳与阳光肩并肩！

也许我们真的没有办法继续讨论这个问题了："电脑"或者"智能手机"是好的还是坏的？我们心中只有惊讶。

惊异于我们从没见过的瀑布。是的，为什么我们不感谢新媒体为我们的孩子（以及我们成年人！）提供了这么多新游戏，让我们不必一直玩"抓帽子"或者"别生气"的游戏。我们终于不用一直在一个棋盘上掷骰子，不用每个人拿着自己被分配到的小人儿跳来跳去，而它的命运完全不由我们的能力、策略或者计谋决定。

可能还有人想举杯庆贺。很多经典的儿童游戏都是发明于每家都有很多孩子的时代，社会学家把那个时代称为"农业多产时代"。那时候到处都是孩子，在一个普通的下午把几个孩子叫到一起，让他们一起玩游戏，这完全没问题。但是现在呢？网络游戏的形式更合适。而且，顺便提一句，如果没有网络，我们的孩子们该如何度过新冠疫情？

还有那些黑暗中闪烁的眼睛，谁知道当他们开始蹦跳的时候会发生什么！他们的游戏不知疲倦，名副其实地让人头疼。愚蠢的实战模拟游戏，只要打开电源，游戏角色就变成了疯癫模式。游戏玩家极度兴奋，暴力却变得无罪。然而那些挂在这条高压线上的人是会倒霉的。

除此之外，还有很多可爱的、安静的游戏，例如在电脑里建一座花园，种上生菜。这多么美好啊，又不会伤害任何人，但不知为何没有生命力。抑或是一种特别搞笑的应用程序，这是为幼儿设计的搭积木程序。他们笨拙的小手不用拿一块积木就可以在电子设备上玩搭积木游戏。想通过视频教婴儿如何说话的人也是认真的。根据他们的承诺，即使是丛林中的猴子也能很快学会阅读。

这一切都同时存在：闪亮的眼睛、野性的家伙、小花园、泉水、瀑布……就像真正的水果和甜味速溶饮料，每种应用都有自己的糖、酒精和卡路里含量。

与童话中的极乐世界不同，"菜单"是由每个用户自己写的。

他在路上的时间多吗？他多大了？他是什么样的人？他心情怎么样？和谁在一起？有什么目的？他的生活中还发生了什么？最重要的是，他到底用电脑*做什么*？是的，有时只有"虚拟甜点"，有时是纯粹的垃圾食品，但也有高级美食——一些备受指责的电脑游戏。这些电脑游戏今天甚至被用来治疗年轻人的抑郁症[11]。如果你相信科学评估，它们的治疗效果不逊色于传统的心理治疗。这同样适用于阅读障碍[12]的治疗。患有阅读障碍的儿童，通过某些游戏进行治疗比传统的阅读疗法能够取得更大的进步。

总体来说，这不仅仅是玩和消费的问题，还有设计、开辟新的道路、搜索。新的部落建立起来了，即使是那些在现实生活中由于社交障碍而曾经被视为怪人，被叫"书呆子"的人，也能在此寻得一席之地。显然，这对一些人来说很幸运，通常的基于外表、权力和地位的成见、偏见在网络上不再适用。以前的媒体中总是别人的作品，他们所写的、所拍摄的和所经历的，现在我们可以看到另一个世界了——我们自己来创作，成为艺术家、发明家、专家。我们自己创作作品，例如，在博客中，许多人，尤其是年轻人，正在寻找身份认同和个性发展，他们正在参与塑造今天的世界。他们让这个世界更加民主化，更加公开化。参与是一件美妙的事情，如果它能成功的话。

但为此，在这个丛林中需要一些非常重要的东西：一个指南针。而已经上路的往往是那些没有指南针的人，他们——那些有问题的孩子——又跛脚又没指南针。在许多情况下，他们在现实生活中的关系也有问题，他们没有方向感，被吸进了网中。因此，他们很少玩需要创意、能力和战略的游戏，而是在陷入了泥潭，玩起了对抗类游戏，关注了色情等不良内容，而且往往是无节制的。那些沉迷于此的人，在现实生活中，在处理学习、友谊、与自己的关系方面会变得更加困难。因为这样的孩子根本不知道应该如何以及在哪里发展他所需要的技能。他们为了结束这个恶性循环，就会退回到更简单的虚拟世界中，对于他们来说没有什么比这件事更容易的了。

另外，对绝大多数孩子来说，他们能把生活和媒体协调得相当好，至少不比他们的父母差。如果你问一下现在的年轻人，就会知道，对他们来说，人际交往、体育运动和"实体的"休闲活动仍然比互联网更重要。[13] 而且并不是说他们就不讲故事，不唱歌了。恰恰相反，在 40 年前只知道听广播的人们，今天也在唱歌、跳舞和说唱。多亏了新媒体的出现，当年在音乐课上一个音都唱不出来的男孩，今天甚至能站上舞台了。如果你仔细观察儿童和年轻人，就会发现他们忙于收藏、分享、点赞或者踩一脚，不会比他们的父母在网上购物更多。

光明与黑暗同时并存

不，第一批新媒体批评家预想的可怕场景并没有出现。那么，这意味着他们的警示已经过时了吗？

一项发人深省的研究表明，它们没有过时。不，这个分析也不是绝对真理，更重要的是，它来自两位学者，他们是我们这个时代最杰出的研究型心理学家，他们也因为相对笼统的论断而引起关注（珍·特吉 [Jean Twenge] 和乔纳森·海特 [Jonathan Haidt] 对所谓的超级自恋的"唯我一代"的批评[14]）。

尽管如此，这项研究还是包含了一些可信的证据，即由于社交媒体的影响，童年所发生的变化可能比我们想象的要大。

两位学者首先考察了美国[15]，他们每隔几年就收集一次关于青少年的幸福指数和心理健康的数据库，并对此进行评估。简而言之，从 2012 年开始，青少年的抑郁、孤独、自残和自杀率急剧上升。到了 2019 年，在新冠疫情大流行开始之前，青少年的抑郁症发病率几乎翻了一番（这是一个重要迹象，表明我们孩子的一些严重问题可能在新冠大流行之前就开始了）。

学者随后通过研究国际学生评估项目（PISA）发现，这一趋势不仅只在美国。自千禧年以来，该项目每三年都会要求 37 个参与国的学生提供他们各自的心理状态数据（通过 6 个关于在学校中的"孤独"问题）。当然，现在孤独感与抑郁症不是一个概念，但它们可能有关联；社会孤独感本身也是一个与发展相关的因素。研究结果如下：[16]

学校中的孤独
坦言自己曾经在学校中感到孤独的学生所占比例，自2010年代开始急剧上升。

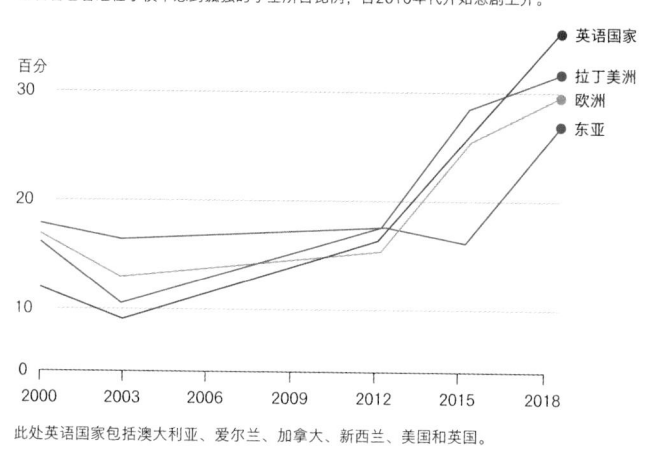

● 英语国家
● 拉丁美洲
● 欧洲
● 东亚

此处英语国家包括澳大利亚、爱尔兰、加拿大、新西兰、美国和英国。

因此，国际学生评估项目（PISA）的数据还显示，在2012~2018年之间，在学校中感到孤独的青少年数量总体上翻了一番。而在37个参与国中，有36个国家是这种情况。

同样引人注目的是，从世纪之交到2012年，青少年的孤独率相对稳定，平均不到18%的青少年有这个问题。从2012年开始，数据显示出了戏剧性的增长。在学校中感到孤独的青少年人数增加了一倍，增长到了总人数的三分之一多。

这两组分析的数据有一个共同点。在所有考察的影响因素中，社会经济指标、家庭规模变化和收入差距，都只与一个大趋势相关：互联网和社交媒体的使用度。这个影响因素实际上与两组数据中青少年的变化是同步的。

裂痕源自哪里？

海特和特吉描述了这样的事实：从2012年开始，智能手机不仅出现在几乎所有青少年的手中，而且使用也越来越频繁。然而，最重要的是，从2012年开始，互联网和社交媒体上的经验世界发生了彻底的改变。

改变的方向被他们称为"参与"——被吸进去，因为现在媒体的内容主要针对情感，并且呈现极端化。社交媒体的用户数量爆炸性地增长，因为它为用户提供了直观的比较，随之而来的是"比较和绝望"——人比人，气死人。设置"点赞"按钮，为每个人推送他感兴趣的东西。而这就引发了一场大部分人只能输掉的比赛（顺便说一下，其中女孩明显多于男孩，这是一个令人惊讶的发现；仅在15年前，儿童研究倾向于认为男孩是更脆弱的性别）。

这个解释合理吗？

在这里，我想回到儿童的角度，他们的社会性发展是本书第一部分的主题。孩子们在个性化（成为自己）和社会化（成为群体的一部分）之间的张力场中成长。而这正是问题的关键所在，同时也是方法所在。一方面，孩子们希望，不，应该说必须有归属感；但另一方面，他们又必须以自己的方式脱颖而出。他们必须适应群体，但也要在群体中发挥自己的作用。因此，他们需要在同一性和特殊性之间不断地寻求平衡。任何与青少年一起生活的人都知道，在这个发展阶段，这种自我发现是多么困难。现在它被称为归属感。

这种"自己的"和"外来的"，个性和群体之间的斡旋，在现实生活中是一种真正的平衡技能，通过一个人对集体利益的贡献，通过一个人所积累的"声誉"，通过成功的合作，通过冲突和解决冲突的方式，通过一个人的个人资源——从游戏创意到能够解决争端或破解密码的能力来体现。这是一个令人难以置信的多样化过程，它基于无数次互动和学习的步骤。正如我所说：现实生活已经很难了，特别是对于那些没有什么天赋，必须踏踏实实做事的孩子。

在一个越来越多地被比较和评价所修饰的世界里，许多儿童都对这种社会困境感到绝望。他们陷入了一场对自我认可的竞赛中，却难以获胜。

是的，这会让人感到孤独。

同侪团体也发生了改变

海特和特吉指出的第二个过程是：越来越多地使用虚拟社会空间的过程涉及整个同侪团体，这一事实不仅改变了个人的情感世界，也改变了每个人生活于其中的同侪团体。如果这个群体分解为各自可以独立"社交"的个人呢？我们都需要真正的社会互动，这样才能在我们的人类社会中感到舒适。如果我们已经在成千上万的步骤中学会了在其中沟通和行动的能力，那么真正的社会互动在哪里？

简而言之，"路漫漫其修远，吾将上下而求索"。如何设计社交媒体，才能使其不危害少年儿童的成长？如何化解"比较和绝望"——不断比较所带来的精神内耗？我们如何才能更好地陪伴儿童，使他们不受伤害？我们如何在现实生活中进行真正的平衡？学校应该成为无智能手机的空间吗（我完全赞成）？少年儿童在哪里可以学到理性来抵抗新媒体的神奇力量？

给学龄前儿童的电子媒体？

因此，这无非是关于我们如何能够最好地确保我们的孩子最终在光明中而不是在阴影中成长的问题！

让我们从年幼的孩子——学龄前儿童，即在托儿所、日托中心和幼儿园里的孩子开始说起。

如果你回顾一下过去，你会有一种不好的感觉，尤其是在涉及年幼的孩子时，我们在过去没有很认真地对待这件事。因为我们以前的想法非常草率。

关于学习的承诺

这个承诺是从《芝麻街》开始的。《芝麻街》向家长们承诺，在这里将向小家伙们解释世界，当然是以对于孩子们来说友好的方式，没有我们常见的混乱。孩子们在那里吃蔬菜，他们互相友好地相处，没有问题，没有解决办法，也没有脏话。

然后是DVD，受众轮到很小的孩子。"宝贝爱因斯坦"，这是第一批学习型 DVD 的名字——光是这个品牌就已经是一个巧妙的承诺。产品的卖点是：在"专家"开发的视频的帮助下，小家伙们能够学会说话，比那些没有使用该产品的婴儿更好、更快。毕竟，大脑语言中枢突触发育的关键时期就是现在，而现在没有学到的东西，即使以后有语言治疗师也无法解决。这个"宝贝爱因斯坦"的故事，谁不想身临其境？

破灭的泡沫

然而，使用了这些学习软件的小家伙们没有任何收获。不仅如此，他们甚至在成长中处于劣势。导致这一情况的原因值得我们研究，因为我们对孩子们负有责任，而且下一个承诺已经来到了，它画的饼更大，手段更现代化。

以下是研究结果："宝贝爱因斯坦"和"聪慧宝贝"等教育 DVD 的年营业额超过 10 亿美元，热销了将近 20 年。原本众说纷纭、意见不统一的关于媒体的研究，在这一问题上却明确而无异议地指出：这些专门为促进认知和语言而设计的视频并没有推动儿童的语言发展。关于这个问题最全面的研究甚至证明了情况正好相反：两岁以下的儿童看的"宝贝爱因斯坦"越多，日后的词汇量就越少！[17]

我们早就应该猜到了！在第二章中，我们描述了儿童发展其基本能力的曲折道路，以及各种关系在其中发挥了什么作用。如果说话是一个例外，那将令人惊讶，因为语言能力由于情感、认知、社会等多层次性而被认为是儿童发展的中心。

但是，为什么这些语言不能通过"宝贝爱因斯坦"DVD解说员的呢喃学会呢？答案可能需要我们绕几个弯，但我们不能放过这个直接进入孩子们心灵旅程的机会。

儿童如何学习说话

儿童的语言发展可以算是一部侦探片了，关键问题是找到作案者——是谁把语言放进孩子的身体里的？

第一个答案当然是，那些已经会说话的人！他们是谁？是那些大人！他们与小家伙们交谈得越多，这些孩子们的语言发展就越好。而且有明确的证据证明这一点。美国的贝蒂·哈特和托德·李斯里早在1994年就已证明，在说话多的家庭中，婴儿的语言发展更

快[18]，语言输入越多，儿童的语言输出也就越多！因此，父母的任务很明确：尽可能多地与小家伙交谈。在换尿布时，在给他们喂食物时，在与他们玩耍时，都要与他们交谈。

那么就只有一个问题：如何解释在很少对小宝宝说话的文化传统中，宝宝也能学好说话？事实上，文化研究报告指出，世界上许多国家的母亲只用一种最低限度的语言与她们的婴儿交谈。非必要不说话，甚至常见的"评论性语言"[19]（"哦，你今天又是个爱吵闹的孩子……"）在这个国家也都不常听到。尽管如此，这些孩子长大以后丝毫不缺乏语言能力。

因此，让我们仔细看看儿童到底是如何学习说话的。第一个线索来自这样的实验：用录音机给婴儿播放他们以前从未听过的各种语言。这些"噪音"丝毫不能引起小家伙的注意，即使让他们反复听这些东西！但是，如果你让他们反复和讲外语的人玩耍，这种情况就会改变：小家伙变得越来越专心，并学会区分各种语言中使用的音素。

一个"活的"说话者能为小家伙提供什么扬声器不能提供的东西？我们观察一下小家伙的眼球运动就明白了。他们实际上是在盯着和他们说话的人的嘴唇。他们是如此专注，以至于甚至可以在静音的视频中识别出说话者在自己的母语和外语之间来回切换，即使是4个月大的婴儿也能做到！对嘴唇运动的分析有助于小家伙完成他们在语言习得中的第一个小小的壮举：切分[20]。婴儿首先要找出单词在整个语言流中的位置！只有知道单词的开头和结尾时，他们才能开始为他们所听到的东西赋予一定的含义，换句话说，开始学习词语。

认识单词的意义

如果单词切分顺利完成（通常在 7 个月大时就能做到），就可以进行下一步的工作了：赋予他们从一段话中单独挑选出的每一个词语一定的含义。[21] 这时，仅仅通过解读别人嘴唇的运动而获得的信息就不够了。儿童现在必须进入说话者的思想和情感世界。因为只有理解了别人所说内容的语境，才能理解别人所说单词可能具有的意义。所以，他现在必须理解说话者的情感世界！

为此，婴儿不再只看嘴唇，还看脸的上半部和身体的其他部分。例如，他可以记录下说话者的目光注视方向、面部表情和手势。因此，他试图间接地观察说话者的大脑，以便收集如何理解所讲内容的"评论"。事实上，学习说话离不开"心智理论"的发展（这一点我们之后会详细论述！）：如果不能够挖掘他人的思想（这种技能也被称为读心术），就无法进行有意义的交流。因此，在自然的学习空间里，能力的步骤是反向排列的：甚至在说话之前，就已经开始阅读了——注意，是阅读心灵。

由此我们得出了第一个结论：早期语言习得的驱动因素不是所听到的词语的数量，而是在人与人的交流中赋予这些词语意义。儿童通过与说话者进行情感的交流来学习说话。因此，学习说话不是单纯的倾听的结果，而是人与人成功互动的结果，因此是一个关系过程。

不要上语言课,而是做言语游戏

事实上,婴儿首先是在"语言游戏"[22]中学习词语的意义,即在语言和情感的反复交流中,例如在换尿布、喂食物或拥抱时。语言游戏是否产生并不取决于照料者说了多少话,而是取决于婴儿是否能加入语言的流动,即是否能从语言的提供中产生对话,形成"语言舞蹈"。当照顾者能够凭直觉用自己的感觉和语言来适应婴儿的注意力、反应时间和情绪,从而给他一种与他的"内心世界"相适应的共鸣时,这样的"舞蹈"就会成功。[23] 因此,引导孩子从咿呀学语到说话的不是你为孩子提供的语言本身,而是针对孩子语言发展可能性所作出的调整和适应。[24]

例如,身心健康的母亲(与患抑郁症的母亲不同)在与孩子的互动中,会凭直觉为她们的小宝宝建立"语言框架"。其中一个框架是儿语[25],即我们与婴儿交流时所用的夸张的语调。手势也是其中一个,孩子的社交环境越丰富,手势的运用就越频繁。[26] 以下事实表明了婴儿身边社交网络的重要性:当孩子从不同的说话人那里听到同一个词时,他更容易将正确的词与正确的意思联系起来。

而这正是其他孩子发挥作用的地方。在角色游戏和幻想游戏中,孩子们不断地把对方带入语言之旅。他们在游戏中随时做出评论,每一次都为其他人提供了情感的和情景的语境,孩子从中可以推断出单词的含义。有许多迹象表明,儿童之间的交流甚至促进了那些与成人交流涉及不到的语言技能。研究表明,与许多成年人的想象相反,儿童在相互玩耍时使用的语言比成年人与儿童玩耍时使用的语言更有效。[27] 毕竟，他们也和其他孩子谈论看不见的东西、幻想中的生物和想象出来的世界。他们不是用现成的话语来描述，而是以复杂的方式把话语改成儿童能听得懂的语言，以便带着他们的游戏伙伴一起踏上幻想之旅。

我们的误解

但是，让我们回到这样一个事实：在说话多的家庭中，婴儿在语言上的进步要比在说话少的家庭中快。这个观察结果是正确的，并被多次证明。因此，我们无数次得到建议，要尽可能多地与小孩子说话。只是还有一点需要解释和补充：孩子在说话多的家庭里学得更好，并不是因为那里的话语数量多，而是在这些家庭中，各种关系的范围也更丰富。在那里长大的孩子生活在一个更有活力的依恋体系中，得到更多的情感共鸣和更细腻的感情交流。他们有更多的机会将词语与意义联系起来。[28]

统计数据以一种近乎残酷的方式证实了这一点：在德国，约有4%的社会地位较高的家庭，其儿童出现了语言发展障碍；然而，在社会地位低下的家庭中，儿童出现语言发展障碍的概率则是其四倍以上。

即使是严厉的惩罚也不能阻止一个正常家庭中的健康孩子学习母语。一个孩子在一个"多种关系的"世界中学会说话（无论是母语还是外语），并不是伟大的教育努力的结果。这是自然而然的。

这并不意味着父母应该停止和他们的宝宝多聊天。只不过，他们不需要给自己太大压力，甚至把聊天当成"课程"。你也不必以校长的方式来纠正孩子，也不必逼他们开口说话。

但我所说的也意味着，促进语言的发展并不像一些人（包括一些教育政治家）所以为的那样简单。如果学习语言像在学校里那样简单——老师教，孩子模仿，那么事情就简单多了。很可惜，那些想促进儿童语言发展的人必须走一条更困难的路：他必须让孩子们沉浸在一个丰富的关系世界中，包括与教育者以及其他孩子的关系。仅仅上几节语言治疗课是不够的。难怪对"语言训练"方法的科学评估如此理智清醒。[29]

新的承诺

但这一切似乎都没有影响到围绕孩子们所形成的天才炒作。像"宝贝爱因斯坦"那样的学习媒体浪潮甚至仍然势头迅猛，而且受众群体越来越低龄化。当我们还在想自己怎么会忘记人类的孩子基本上只能通过各种关系来生活和学习时，我们已经在为下一个泡沫充气了。

现如今，伟大的承诺插上了智能的翅膀：用于学习的应用程序！为孩子们设计的促进语言发展的应用程序在平板电脑、点读笔或智能手机上随处可见。越来越多的托儿所正以"数字学习中心"的形式出现。曾经，坐在屏幕前是"糟糕的"环境的产物，是由于人们各种关系进展不顺利才会出现的现象；而现在，屏幕前的生活似乎已经成为现代社会的主要形式了。曾经，平板电脑和智能手机的使用甚至被一些人视为持续的全世界开放性的教育趋势。一个以"数字学习中心"为宣传语的托儿所，没人会提出质疑。这是创新的代名词。毕竟，他们不是用那些旧蜡笔画画，而是用智能手机上的"蒙特梭利应用程序"；而且他们从事的活动并不是媒体消费，而是儿童"教育"。当然，是以游戏的方式。

一些误解

儿童的语言发展可以给我们许多很好的提示，为我们指明进一步思考的方向。也许到那时我们就会明白，为什么幼儿园学习软件的发展会走进死胡同。

因此，让我们来看看儿童是如何发展他们的内部语言的：他们的情感生活，如何对待情感，如何与自己交流。

我们再次回到游戏，换句话说，儿童正常的日常生活。这种游戏最引人注目，因为它围绕着同样的事情反复进行——当它是由孩子们自由组织的时候。小家伙们仿佛在追寻一条无形的轨道。其过程与以下几点有关：

第一，学习理解他人的观点、意图和感受——这是所有集体生活的基础；

第二，学会面对自己，以及自己的情绪和冲动；

第三，建立强大的内心。

孩子们靠自己找到这条无形的轨道，不需要向导或追踪者。他们通过构建各种关系，通过尝试不同的角色，通过使用他们的想象力。他们只能在模拟世界做到这一点。但这并不意味着他们不能把图画书、MP3播放器或平板电脑带入这个旅程。它们可以出现在这个旅程中，但是它们不能替代旅程。

内部视角的建立

想象一下，小孩子们面临多么艰巨的任务。他们必须了解整个世界！这里发生了什么？这一切是什么意思？为什么他们要这样做？为什么不换一种方式？难怪在相当长的一段时间里，这个"为什么"动不动就从他们的嘴里蹦出来。

学习了解世界首先意味着一件事：学习与他人一起思考，了解他们的想法、思想和感受。这是一项多么艰巨的任务！小孩子首先要明白，其他人看到的东西和他们不一样，想的不一样，感觉也不一样。这个世界对每个人来说都是不一样的！只有当小家伙理解了不同的观点，他们才能真正地与他人沟通，理解他人的愿望，他人的意图，他人的控制欲，他人奇怪的笑话，他人非真实的假设——无论是在此时此刻（"如果……，那么"），还是在过去（"如果我当时有……"），或者既包括现在又包括过去的假设（"如果我是你，当时我就……"）。这是名副其实的视角杂技。难怪孩子们要练上好几年！正如发展心理学家们所说，他们必须要创立一个"心智理论"。[30]

然而，一切努力都是值得的，毕竟，这种内部的构建是人们所能做的最伟大的事情——追求共同的目标，分享感情，与他人产生共鸣，与他们一起创造音乐，塑造世界——的前提。共同演出一部伟大的戏剧！

::: 每个人在童年时期都会对其他人的思维和感觉世界产生一种洞察力，发展心理学称之为"心智理论"。这种进入"他人内心"[31]（安德烈斯·韦伯语）的可能性，也许是基于一种系统发育学视角下更为古老的联系，这一点至少对于生活在社会群体中的哺乳动物来说是可以得到证明的。他们的大脑构造使得其他同类的经验不断在其"内部"得到反射。例如，当我们看到有人割破手指时，我们自己也会感觉到疼痛，这种疼痛是直接的、来自身体的。这是由于人类大脑特殊的神经细胞——它们被称为镜像神经元不是没有道理的。然而，这种反射并不止于同一物种成员。即使动物受苦，我们也感同身受。是的，有证据表明，即使是枯萎的植物也能激发我们的同情心。因此，自然哲学家安德烈斯·韦伯怀疑我们与所有生物都有情感的联系。

这实际上是一个与生命和死亡有关的问题。因为与其他物种不同，我们人类能够塑造和维持与他人的关系，这是我们赖以生存的基础。如果基本归属需求没有得到满足，那么我们就会像狗一样受苦，是的，我们会不可避免地灭亡，即使我们其他方面什么都不缺。只有那些受到重视的人才会受到尊重，才会有自尊。只有那些会与他人交往的人，才能作为"人"得到他人的承认和接纳。儿童早期和中期的核心是培养这种社交技能。这时的儿童通过反复尝试和犯错，学会成为集体的一部分，建立友谊，处理别人对自己的伤害，影响他人。他们学会信任自己，因为别人也信任他们。这无非是与各种各样的不同的人，对各种关系进行不断重塑和改造。

因此，可以理解的是，这种从人到人的注视模式的建立从一开始就被急速推动。最初的基础已经在关系系统中奠定了，即在婴儿和其熟悉的成人之间的情感细腻的日常互动中。成年人实际上是在鼓励这种注视练习。他们用眼神示意某件物品或者用目光追随某人。他们突然消失，然后又出现，嘴里说着"躲猫猫"，并且咯咯地笑。他们不断地用自己的行为和反应为孩子们竖起一面镜子：看，你在这里，我们在这里，你看我们的行动轨迹交叉时会发生什么。世界如何变化，你如何变化，我们如何变化……大人在行动和情感中如果能融入儿童的反应和情感，那么儿童就能更快形成一种"理论"，去了解人们的内心世界是如何联系在一起的。

接下来，我们要讲的是三四岁的儿童。这个年龄的孩子喜欢头碰头聚在一起——这里的"头碰头"既指字面意思，也是一个比喻。现在，孩子们正试图考验"精神世界"和人际关系，在游戏中测试他们的观点和角色。梦游般地追寻着那条无形的轨道，他们大声喊或者窃窃私语："让我们……""我们现在……"他们有时是狮子，有时是母亲，有时是建筑工人，有板有眼的。作为母亲，他们可以比自己的母亲更有爱心。真的，有些父母看到他们的孩子在某些角色扮演游戏中表现得那么"理智"、谨慎和体贴，都目瞪口呆了。孩子们是多么投入啊！作为一头狮子，他们可以变得非常勇猛，甚至都能吓到自己。加布里埃尔·波尔（Gabriele Pohl）在她精彩的《童年，做游戏吧！》一书中展示了这些注视练习对孩子们的影响："一个男孩在午餐时变成了一头凶猛的狮子，然而他突然恐惧地逃进了母亲的怀抱：'但现在我又是你亲爱的巴斯蒂安了！'"[32]

如此认真，如此努力，内心世界的扩展已经无法阻止。因为伴随着孩子们所承担的角色，他们也进入了一个新的语言和思想世界。国王的思维方式与婴儿不同，筑坝者与人打交道的方式和仙女也不同。随着他们对人类可能性世界的探索，孩子们名副其实地已经超越了自己。

⋮⋮如果我们观察孩子们的照片，就会发现，三岁以上的孩子总喜欢把小脑袋凑到一起。这是有原因的。现在，小家伙们发展了一些非常特别的能力——与伙伴分享自己的意图、目标和兴趣，即所谓的"共享意向性"。这使他们能够完成奇妙的事情，即在游戏中追求一个共同的目标，分配任务，互相帮助，互相吐露心声。简而言之，生活在一个群体中。

为了角色扮演游戏能够顺利进行，孩子们需要一种精巧的原材料，即想象力。这个年龄的儿童最不缺的就是想象力。有了想象力就能掩盖其他方面的欠缺了。一根棍子这次可以是一把钥匙，下一次就可以是一个注射器。在这个神奇的地方，一切皆有可能。

通过与其他类人猿的比较，可以看出人类的儿童在这个年龄段发展的突飞猛进。灵长目动物实验研究发现了一个令人惊讶的现象：当黑猩猩由人类抚养时（这在20世纪60年代和70年代被认为是非常有趣的），这些毛茸茸的小家伙在心理和社会发展方面绝

不逊色于人类儿童。[33] 例如，它们学会了多达 350 个单词的手语词汇，甚至可以用它们组成两个单词的句子（例如，"你，我出去走走"是华秀 [Washoe][34] 的基本技能之一。华秀是第一只也可能是最著名的在手语的陪伴下长大的黑猩猩。作为回应，她的饲养员会发出信号，"好的，但先穿衣服"，然后华秀 [Washoe] 就会穿上她的外套）。然而，最迟等到人类的孩子在生命的第三年进入他们的"社会"阶段时，他们就分道扬镳了。那么差别是如何出现的呢？原来在这个阶段，人类的孩子真正点燃了发展的火焰，通过不断地以游戏的方式进行思想和想象力的交流。[35]

情感的力量

如果说外面的世界最初是个大问号，那么里面的世界就更让人困惑了，它是一个大感叹号！这就是我们的世界，一个杂乱的工具箱，充满了各种情绪——火红的愤怒，漆黑的恐惧，灰色的悲伤，明艳的快乐。但是，如何将这一切组合在一起，如何控制这些情绪，如何用它们来绘制一幅画呢？

让我们拿"恐惧"来做例子吧。它显然是孩子的守护天使之一，如果没有恐惧，孩子们会不断地做他们还不能做的事情！他们会冒险进入黑暗；他们会向陌生人倾诉；他们会远离大人，在森林里迷路。这些守护天使在童年时期动不动就换服装：对两岁孩子有好处的恐惧，对三岁孩子不再适用。相反，如果恐惧没有得到及时处理，它们就会像胶水一样影响孩子们的发展：一个恐惧的孩子不会走出他的外壳，只能犹豫不决地探索周围的环境，在生活中会感到束手束脚。

国王的孩子

当所有的邻居都已入睡。
而所有的窗户都是黑的。
我仍然醒着，脸颊发烫，
无家可归的国王的孩子。
我用紫色的梦装饰自己。
用腰带、冠冕和首饰，
皇袍嵌有金边的下摆
在我膝上沙沙作响。
我的灵魂将有力地伸展

在欲望和憧憬中，坚强而苍白，

并为自己创造一个寂静的午夜的

月光下的乡愁王国。

——赫尔曼·黑塞[36]

因此，儿童必须能够一次又一次地摆脱他们的恐惧，必须"剥去自己的恐惧"。他们必须设法使他们的恐惧适应他们不断增长的能力。然而，他们该如何摆脱那些不再有用的恐惧呢？

一个方法是，将恐惧分解成小的碎片。首先，他们从一个小高度跳下，如果膝盖仍然完好无损，他下次就会爬得更高一点。其次，他们有一种神奇的磨刀石，总是随身携带——幻想游戏，它简直是为对抗恐惧而量身定做的。孩子们表演出让他们害怕的东西，但与现实不同的是，他们可以自己控制游戏中的可怕状况。可怕的经历不会发生在他们身上，他们自己，就是导演这一切的人。他们能够掌控恐惧。不仅有恐惧，还有其他巨大的，不，强烈的情绪。情感和关系世界的这一部分也需要加以区分。在那里，孩子们也使用各种奇妙的桥梁——神奇的伴侣、故事、真正的动物、毛绒玩具、形形色色的英雄，还有人类的袖珍版——玩偶娃娃。所有时代、所有文化中的所有儿童，几乎都玩过玩偶娃娃。第一批民族学家的照片显示了，狩猎采集时代的孩子们在玩玩偶娃娃。这并不令人惊讶。因为玩偶娃娃为孩子们提供了类似于模型的东西，孩子们可以用它来尝试和练习各种事件和角色，甚至"排练"情感。玩偶娃娃被拥抱、被表扬，甚至被责骂。这一切对"我"来说是什么感觉?"我"体验到了什么?与这种"第二人格"的交际过程可以帮助孩子们反思自己的经历。玩偶娃娃作为"主体间关系模型",很难不被儿童喜欢,也难怪孩子们根本离不开玩偶娃娃(也可以是小熊或其他毛绒玩具),特别是当孩子的生活发生变化时,例如当他生病或有弟弟妹妹出生时。[37]

但像这样的主体间关系模型,还有其他孩子。只要有几个流鼻涕的小家伙在一起,就会有很多争吵、哭闹、生气、相爱相杀。在游戏小组中的每一个孩子都会带来一个全新的视角。在家里,一个孩子可能是主导者,在小伙伴们的小团体里,可能有其他竞争者来扮演这个角色。在家里,他可能是最小的孩子,但在幼儿园里,他可能会是年龄比较大的孩子。在家里,他哭了会得到爸爸妈妈的拥抱,但在小伙伴们的小团体里,他可能会得到"爱哭鬼"的称号。因此,孩子们要花费很多精力来整理内心的这些情绪,并把它们梳理清楚。孩子们相互学习的方式不仅有观察,还有冲突。那些只期望孩子们"好好"玩耍的人,显然太教条主义了。只有通过尝试和犯错,儿童才能学会处理他们的冲动,学会解决冲突、争吵,学会和好和原谅,学会遵守规则,也学会制定规则,必要时再次改变规则,或根据不同的情况和不同的游戏伙伴去打破规则。[38]

⁝⁝想要克服恐惧,就必须自己来掌舵,这似乎是以游戏的方式克服恐惧的基本原则。例如,在玩捉迷藏时,这个孩子每次都必须重新决定躲藏的地点距离找人的孩子多远。在一些游戏中,孩子们甚至故意关闭他们的一种感官,例如在捉迷藏游戏中,他们会蒙住眼睛,或者关掉灯来制造气氛。

一段美好的时光,波涛汹涌的情绪终于在这时被驯服。不是借助理智,也不是借助外界的表扬或责备,而是借助玩伴——其他孩子。孩子在这个阶段接触到的视角、观点和模型越多,他的内心世界就越丰富。

"有一次,特苏芮迈着小腿向我跑来,她的眼睛闪闪发光,整个小人儿都闪着幸福的光芒。但她太幸福了,还没跑到我身边,就抑制不住喜悦,大声喊道:爸爸,我们玩海盗游戏!我要当公主!!还有,还有,还有,约斯把我绑起来了!"

——马尔特·罗珀[39]

"内部支柱"的建立

让我们沿着这条无形的轨道再往前走一点,孩子们在此踏上了人生的道路。他们还有很多事情不会做,在这条道路上他们一天天地发生变化。他们每天都有理由感到绝望……

孩子们选择了另外一条道路,他们借用权力,借用力量,借用智慧。难怪他们对王子或公主,对魔法师或海盗如此感兴趣,这些闪闪发光的人物。这条路上他们最好带着同伴一起,这些同伴什么都不怕,不会累,甚至能在关键时刻出奇制胜。例如,小女巫,或者《汪洋大盗》中的塞佩尔,或者长袜子皮皮!

稍等。她(长袜子皮皮)有什么了不起的?爸爸——酗酒;妈妈——嗯,不知什么原因消失了;学习也不行……即使是塞佩尔和小女巫,也没有特别勇敢。这有点让人想起童话故事。在童话故事中,事情一开始也不顺利。童话里的主人公一开始也不是无所不能的,他们有的只有拇指那么大,有的是家里最后一个出生的,被人嘲笑的,身体最弱小甚至有残疾的孩子,有的是被继母虐待的女孩。这些主人公不是通过先天的超能力成为英雄,而是通过内在的发展。他们经历了一些考验,这些考验他们无法独自通过,而是需要别人的帮助。这些帮助可能是善良的精灵、具有神奇力量的动物、冥界的受压迫者、聪明的女性。当他们的内心发生变化时,他们作为人得到了发展,这时英雄就长出了翅膀。只有到了这个时候,英雄才会以胜利者的姿态出现(当然,最后他们会得到公主或王子)。童话故事中还有另一个主题闪烁着光芒:成长对抗挫折——

坚忍。这个主题简直是为小家伙量身定做的！他们小小的身躯置身于大大的世界，时刻面临外界的各种挫折。

童话的内核也是克服挫折实现内在发展的故事——坚持自我和坚韧不拔的故事。童话故事也会让孩子们感到害怕，但这并不说明童话故事本身有问题，而是告诉我们，童话故事应该由熟悉的人来讲述或朗读。

简而言之，我们有这么多应对恐惧的方法，有这么多驯服各种情绪的方法。为此，儿童不仅需要能温暖他们的"家庭之火"的安全感，即来自父母和其他重要成年人的情感支持，还需要自己的儿童世界，让他们可以自由地、像孩子一样地游戏。

看不见的线和媒体

这样，我们就把弯路抛在了身后。我们沿着一条无形的轨道往前走，孩子们在这条道路上学习如何与自己以及他人相处。我们首先观察了他们的语言发展，然后观察他们如何建立自己的"内在语言"。我们看着他们发展自己的"心智理论"，看着他们如何强化自己的"内部支柱"，如何学会处理自己的情绪。于是，我们了解了儿童早期和中期最重要的议程。

而且我们已经看到，这个议程只能通过各种关系来实现，通过由孩子塑造的、往往是非常奇妙的关系。正是在这个共振室中，儿童内心的基本形式形成了。

这项议程在很大程度上决定了孩子们以后的生活状况。要完成这项议程，既不需要互联网，也不需要计算机，更不需要任何应用程序。人类生活可以，不，必须由儿童以模拟的形式来理解，用他们的身体、手脚和心。

新媒体可以像传统媒体一样参与进来，给孩子们带来欢乐，让解决问题的方法变得更加丰富。但它们无法做指路者，在这个问题上，必须由与孩子相关的人来掌控方向。因此，我们必须密切关注新媒体的吸引力，因为它们太容易使儿童远离与其他人的关系。电子游戏只会取代旧的模拟游戏，孩子们是在实物棋盘上还是在智能手机上玩跳棋、连珠棋，这都无所谓。事实上，这个论点也有一个问题，它只是部分正确。大多数应用程序，特别是针对小孩子的，并不提供联机游戏。相反，与游戏玩家的互动通常是早就编写进程序里的代码所作出的反应。很简单，如果你观察孩子们在跳棋或连珠棋的实体游戏中都做了些什么，就可以明白主体间互动的缺失意味着什么。在实体游戏中，他们聊天、大笑、争论，有一种不可抗拒的能量在他们之间流动；他们面对面，可以看到对方的表情，还有眼神的交流。而当孩子们通过他们的手机一起玩耍时，这种直接的联系就变得淡薄了。不，孩子们并没有因为计算机而变得"愚蠢"（甚至变得更加聪明了），新媒体只是妨碍了他们区分自己的内部视角。如果我们不对此加以关注，他们将被推离这条无形的轨道。

诗人让·保尔（Jean Paul）在他的小说《莱瓦娜》中写道："儿童游戏只不过是披上轻盈翅膀的严肃活动。"他是对的。儿童游戏，通常被理解为年轻人的一种自发的治疗方法，实际上是一项艰苦的工作。我们没有看到这一点，只是因为小家伙们在游戏时常常表现得非常兴奋。

可能的死胡同

为什么我们在托儿所和幼儿园阶段使用新媒体时应该谨慎行

事？有下列七个理由。

第一，孩子们主要通过各种关系学习他们的（内部和外部）语言。这些关系由他们自己构建，并使之适应他们各自的具体情况。只有在这种依照每个孩子具体情况"量身定制的"交流中，孩子们内心世界的构建才能成功。即使是拥有一套完美程序的语音机器人也无法促进儿童的语言发展，相反，它会抑制语言发展。这也适用于儿童的内部语言：所有脱离儿童生活实际的模式都像胶水一样。

第二，孩子们必须有足够的机会按照自己的剧本设计游戏。这是他们预演生活的唯一方式。只有这样，他们才能克服自己的恐惧。恐惧是因人而异的、私人的、传记性的，每个孩子必须能够勇敢地对抗属于他自己的困难。对孩子们来说，模仿别人的做法是不够的。为了了解自己，孩子们必须亲身经历对自己来说至关重要的事情、在他们的日常生活中发生的事情。仅靠幻想中的图像或说教，对他们来说是不够的。他们必须形成自己的图像和想法。这并不是说要从根本上反对"预制"的游戏——无论是虚拟的还是实体的，而是说要给予儿童的自由游戏足够的空间和时间。

第三，孩子们必须按照自己的节奏，才能安全抵达。孩子对他们听到或看到的每个故事都有自己的理解，每个孩子都有自己的方法。有的走得很快，有的则会走弯路。应用程序开发者或视频制作者所想象的一刀切的方法，只有在幸运的情况下才适合每个孩子。

第四，我们展现给儿童的某些角色可能会让他们感到不安。娱乐行业也喜欢在儿童电子游戏中设置拥有超能力的人物，如《超凡战队》等。他们对儿童有吸引力，因为他们拥有无穷的力量。然而，与童话和儿童故事中的人物不同，孩子们从来没有得到"圆满结局",力量型角色必须继续战斗,并在下一次冒险中存活下来!邪恶力量总是藏在某个地方等待着,而孩子则被留在一个可疑的、受到威胁的、充满危险的世界中。

第五,娱乐行业常常传达给儿童一类人的片面形象。它专注于刻画具有极端性特质的英雄,因为英雄当然是强壮、聪明或美丽的,是天生的赢家。与《汪洋大盗》和童话故事这类"成长故事"不同的是,它向孩子们展示的是一个现代神话,往往是超人的能力和优越性。这很适合成年人的世界,但不适合儿童成长的世界。

第六,小孩子是依赖"翻译者"的。他们需要一个中间人,在他们所经历的事情和他们的内心体验之间架起一座桥梁,特别是当他们遇到新的和不熟悉的事物时。这些中间人不是别人,正是他们信任的人。可以说,正是他们,为小家伙们提供了一面解释的镜子。是的,许多事情只能通过孩子们的感觉和反应来理解。媒体教育学总是指出,儿童在使用媒体时,有他们信任的成年人"陪伴"是多么重要。然而,在现实中,许多应用程序,甚至是为婴儿设计的程序,在没有"关系云"的情况下也能顺利使用。[40]

第七,新媒体有一种超强的吸引力。如果我们低估了它,那么它将剥夺儿童拥有"小红脸"①的权利。是的,孩子们在屏幕前也可能得到"小红脸"。因为他们喜欢坐在那里,缺少户外活动,缺乏体育运动,较少接触风雨和阳光。这时,孩子们就会得到"小红脸",它使孩子们睡得更好,使他们不那么烦躁,名副其实地缓解

---

① "小红脸"是一款德国的营养液,作者在这里一语双关,第一个"小红脸"指的是儿童健康的气色,第二个、第三个"小红脸"指的是儿童由于过度使用电子媒体、缺少户外活动而需要靠喝名为"小红脸"的营养液来保持健康。——译者注

了他们的情绪状态。

但这也意味着，我们必须审视自己。在和小孩子相处的时候，如果我们成年人一直使用这些电子产品，那么它们就会成为"关系杀手"。如果我们对孩子们手中的电子产品持批评态度，但在日常生活中，我们自己却始终一只手拿着、一只眼睛盯着、一半心思放在智能手机上，这对孩子来说没什么好处。

都是毒药？

少安毋躁。在儿童正在发育的大脑中，没有一个突触会因为小孩子经常使用智能手机而发生变异。当然，在某些情况下，电子产品可能会对小孩子产生影响，这有七个原因。如果一个蹒跚学步的孩子在智能手机上玩积木游戏，这并不意味着他的生活中缺乏正常的关系，或者缺乏基本的经历，或者缺少"翻译者"，或者其他什么……事实上，只有用重型武器才能阻止小家伙们沿着无形的发展轨道成长。只要生活中有各种正常的关系，有事可做，他们就会正常成长，不管有没有平板电脑或智能手机。

但我觉得这是一个会对未来发展产生影响的决定。即使在"理想条件"下，一切都能顺利进行，那么我们为什么要把电子媒体变成一个项目？明明知道"理想条件"在现实生活中往往并不存在，为什么还要把新媒体美化成"教育"工具？而它们明明不是。

令人惊讶的是，许多幼儿园甚至托儿所都不加批判地为新媒体打开了大门,却从未就其对人们经常挂在嘴边的"幼儿智力开发"或者"早教"的贡献进行过专业的讨论。现在轮到电子媒体的支持者来解释这个问题了:电子媒体的使用如何真正地促进了儿童的成长——在情感能力、社会能力、语言能力、认知能力、身体能力、执行控制力、创造力、精神完整性,甚至是儿童的个性和人格的发展。我们洗耳恭听。

托儿所中的电子媒体

根据我对儿童发展的理解——我们一起在这方面探讨了许久——我得出了一个不同的结论:儿童成长所必需的、在非结构化的环境中自由游戏的经验已经被切断了。与其用新的技术辅助工具给幼儿园设置更多的条条框框,还不如再次为孩子们打开这种自古以来就有的经验、关系和学习的空间。只要这些事项没有得到优先权,我就认为"早期媒体素养"的口号只不过是电子工业和娱乐行业的特洛伊木马。

虚拟媒介在托儿所和幼儿园的使用给孩子们带来了学习或发展优势,这只是一种单纯的论断。这一论断没有得到任何儿童发展理论的支持,缺乏有说服力的观察性研究或比较研究的科学依据。但有充分的证据表明,在儿童世界里,使用电子媒体作为日常生活的一部分,会在许多方面抑制儿童的健康发展。换句话说,我认为儿童发展的瓶颈在一个完全不同的地方,即涉及儿童基本人格技能、社会能力、内在力量、创造力和抗挫折能力的地方。

也没有证据表明早期接触电子媒体会让儿童获得更多的媒体素养。儿童由于其灵活的大脑，可以比成人更快地了解新技术，以及电子设备。然而，这并不意味着儿童越早开始使用这些设备，以后就越能驾驭它们。与渐进式的语言发展不同（语言发展在很大程度上是在生命初期的特殊阶段，这个时期儿童成长依赖别人，并且非常"敏感"），没有证据表明这一点。毕竟，就像我们称儿童为数字原住民一样，人们也可以假设"巧克力原住民"：儿童出生在一个充满甜食的世界，我们越早让他们吃零食，他们以后就越有能力与这些甜食共处！请尽情尝试吧！

我们不要夸大事实。如果孩子在幼儿时期不玩智能手机，他们也不会与知识社会脱轨。当他们开始第一份工作时，又有其他新的媒体技术出现了。

今天人们喜欢称之为"数字原住民"的小家伙们在他们的道路上前进了几年之后，届时很可能将盛行的新技术，他们将不可避免地再次成为移民而离开原来的道路——他们将不得不用汗水来驯服新技术。

因此，媒体学者对教育工作者和家长打出了恐惧牌。他们的所作所为让人产生错觉，好像批评在托儿所中使用电子媒体是对《日内瓦公约》的违反，这是完全不合适的。"能够游刃有余地处理与网络化的媒体世界之间的关系，与交际能力和社会能力越来越不可分割地交织在一起。有一种观点是：初识媒体应始于幼儿期，促进媒体素养必须是一项终身任务。那些拒绝承认这种观点的人，阻碍了儿童发展在媒体化的社会中独立自主生活的能力。"[41]放轻松，数以百万计的儿童最终能够顺利使用电子媒体，即使他们错过了托儿所里入门的时机。智能手机之类的东西并没有那么复杂。

相反，孩子们需要什么才能自主、游刃有余地处理他们的实际生活，这有点复杂。不幸的是，他们需要一些听起来并不那么令人兴奋的东西（而且没有人从中赚钱）：运作良好的关系，自主行动的空间，自己设计的冒险。

> "使用简单，儿童也能操作，并不意味着内容也适合儿童。"
> ——托马斯·拉特格布
> 媒体学者，巴登-符腾堡州媒体研究中心

家长们可以有更多的期待

上述内容让我得出一些实用的结论。如果有人认为虚拟媒体是幼儿园或托儿所教学概念的一部分，那么我们应该再提出几个问题，并仔细考察整个项目是否可靠。比如：如果没有虚拟媒体，孩子们会怎么样？他们的日常生活是什么样的？他们有足够的时间自由游戏吗？户外活动够吗？

是的，我想在这个语境下谈谈户外活动的问题。日托机构的发展目前正如火如荼，这一事实清晰地表明了一件事："在外面"并没有真正地被人们纳入计划中。户外活动往往因为建筑概念而失

败,"儿童棚"多于"儿童花园"。在这种情况下,"早教"就成了受欢迎的救命稻草,至少它对空间的要求没有那么高,而且所需的时间也不多。因为儿童获得"小红脸"的自然方式有一个缺陷:我们成年人必须加入其中,和小家伙们一起出去,给他们穿上衣服,戴上帽子,戴上手套,拉上拉链。而且,外出一次就有一堆活儿等着我们做。我们要给孩子刷脏鞋,换掉湿衣服,有时孩子累了我们还要抱着他们,他们摔破了膝盖我们还要给他们包扎。"哎呀,尿湿了……还忘记带安抚奶嘴了!"所有这些都让大人很疲惫,最重要的是,这些都需要大人亲自动手去做。这听起来几乎像是针对托儿所高效原则的阴谋:请问,人手在哪里?大家都知道现实生活中普通托儿所的人员配备比例是什么样的。而且我们正在谈论的"人手",越来越忙于正确记录"教育成功",填写成长报告,撰写语言进度报告或处理"投资组合"。诚然,日托中心的"数字学习中心"当然不是为了和风、阳光、破烂儿堆以及泥土做竞争对手。然而,在现实的、充满矛盾和挫折的生活中,不能排除它变成竞争对手的可能性,尤其是如当人们给它再贴上一个"早教"的标签!

我们必须以某种方式来解释这个谜题。也就是说,为什么今天,当我们很明确地知道上一波媒体浪潮对儿童的承诺就是个坑,这种乐趣是要付出昂贵的代价的,而且实际上是以损害儿童成长为代价的,现在却又相信这样一个"宝贝爱因斯坦"的承诺呢?是的,虽然换了一件外衣卷土重来,但它仍然没有实质内容。

对于小孩子(还有成年人)来说,最重要的发展资源是运作良好的关系。在这个框架内,孩子们可以做他们一直以来在做的事情：学习如何与自己、他人和世界相处。尽管我们一次又一次地落入这个陷阱：孩子们办法多的是，我们不必去想用什么设备套他们的话。

那么大孩子呢？

孩子们在开始上学时不会突然变成另外一个人，他们的"内部发展"仍在继续。对于他们来说，重要的仍然是关系、效率、新的能力……然而，孩子们现在不再是小孩子了，他们的语言已经有了长足的进步，还有他们的内部语言，他们的情感。可以说，他们已经扎根于大地，翅膀下有了空气。他们不再经常需要陪伴者和"翻译者"。他们的执行控制能力更加强大了。在某些条件下，也就是我们在这里要讨论的，他们甚至拥有了重要的本领：自己主动结束游戏。这也是他们逐步独自应对虚拟世界的一个良好的基础。

当然在这个新领域，儿童发展的基本规则也是适用的。

基础的优先权

儿童现在仍然需要运动，需要一个丰富的关系世界，直接的、基本的经验，在与其他儿童中交往自我组织的机会。而在这个框架内，他们将逐步开始对虚拟世界的探索。

第一点，适用于所有媒体，无论是木质材料的还是含硅材料的：媒体使用不仅是一个年龄问题，也是一个适度的问题。记者谭雅·杜克斯（Tanja Dückers）说："不要在浴缸里躺超过30分钟，否则皮肤会皱巴巴的。"[42] 现在，在媒体使用上，"皮肤"皱巴巴的问题自然虽然也取决于发展阶段，但同样的原则也适用于此。

同样适用的还有第二点：这个新领域的电子屏幕上涂有一层厚厚的"蜂蜜"，孩子们，尤其是上小学的孩子，他们的翅膀怎么才能不被粘住？

首先，通过生活中的其他事。生活越精彩、越丰富，孩子们就越有可能将自己的视线范围扩大到互联网的边界之外。现实生活（数字先锋派称之为非虚拟生活）越丰富多彩，孩子们的手指在点击"关闭"按钮时就越有力量。生活让人着迷，那么电子屏幕上的蜂蜜层就不那么黏稠了。

其次，通过选择儿童自己在游戏时选择的相同策略：使用规则。特别是在小学阶段，在新的领域没有其他办法来规范交通时，它不仅可以回答正确的"洗澡时间"的问题（我认为这是一个非常个性化的问题，取决于媒体使用的类型、年龄以及孩子的个性，因此我不会在这里给您任何具体的信息），而且还包括：屏幕在哪里？孩子的卧室是合适的地方吗？当然不是。要想成功地在新的领域巡航，还需要一些技能，可能孩子们由于成长阶段的限制目前还做不到。想让孩子放下装满好玩的游戏的电子设备去睡觉，可能得等到他们能在一块巧克力旁边睡着的时候了。

然后便是一些非常基础的问题了：我的孩子从什么时候开始需要一部智能手机？上小学就需要了吗？我认为这太早了，因为我无法回答最重要的问题。(究竟是为什么呢?)

关于关系

然而,规则不是一切。因为要使规则长期发挥作用,孩子们在进入小学以后还需要更多:各种关系——有效的关系。

真的吗?这个年龄的儿童在对游戏空间进行探索时,难道更重要的不应该是限制,不应该是更加明确的规则吗?难道我们不能像对待小孩子的糖果一样解决"媒体问题"吗?巧克力放在抽屉里,钥匙由大人保管?当然,钥匙方案是非常有效的,但它起作用的基础是,一个人使用他的权力,做他认为正确的事情。但是,如果另一个人也获得了权力,然后只是按照他的立场来做事,会发生什么?这时在这个家庭中,问题的关键不可避免变成了谁的权力更强,谁说了算的问题。而儿童获得权力是他们成长的一部分。那些只想通过"限制"来规范交通的人将会赢一次(主要是在孩子小的时候),但随后他就会输(尤其是在孩子大了之后,也就是几年以后),然后会一再地出现漏洞:技术屏蔽功能被破解了,孩子们可能会在他们的朋友那里玩父母不让他们在家里玩的设备,等等。而成年人也将在另一个方面失败,即在他们的日常交流中。如果只在各种限制下工作,你将很快把家庭生活变成机构生活。

正如人们经常指出的那样,这正是事情的关键所在!生活中重要的事情只能用团队精神来处理。如果说限制对共同生活来说是必要的,那么只有当每个人都觉得自己是团队的一员时,限制才会发挥作用。在这个团队中,没有人感到自己被亏待,但偶尔的妥协是必要的。在此基础上建立的规则是好的。(当然它们也会被打破——我们不是生活在家庭电影中,但随后就会被重建。这就是关系。它们并不总是理想的,但我们除了处理好各种关系,做出真诚的努力,也没有别的办法了。你曾经和别人同住过吗?)

没有什么例子比撒谎更能说明这一点了。几乎所有的孩子都会撒谎。所有的成年人也一样。("你今天好吗?""很好。"——真的吗?)人们曾经认为,孩子们天生就是骗子,然后通过父母和其他教育者的灌输,他们长大后变得诚实。人们关于道德的观念是这样的:小孩子一开始是"没有"的,他们必须从大人那里学习道德感。当成年人忙着在两次世界大战中把人性踩在脚下的时候,这种观念尤其盛行,这可以被视为一种尖锐的反讽。今天我们知道,情况要比这更复杂一些。儿童(和成年人)的撒谎程度与*真相*的代价有关。如果一个诚实地承认自己做错事的孩子必须面对自己将会受到的惩罚(无论是身体的、情感的还是社会的),他下次就不会那么诚实了,毕竟他又不傻。这一点也可以在许多研究中得到充分证明:一个家庭中的惩罚越多,人们就越有可能撒谎。在成年伴侣中也是如此。预期的"惩罚"越高(最高可能导致关系的终结),就越难做到诚实。[43]

不,关系不是空谈。一个孩子不会因为使用互联网就成为一个社会残障。当他们的各种关系系统开始崩溃和摇摆时,他们才会陷入困境。如果你问那些抱怨孩子过度使用媒体的父母,他们的孩子在做什么——在生活中做什么,在互联网上做什么,你就会发现,许多父母耸耸肩——他们根本不知道。而这正是问题所在。

那么，学校呢？

一个有趣的情况：虽然一些托儿所认为他们建立"电子学习中心"可以显示出自己特别现代化和富有创新精神，但中学的学生仍然每天拖着沉重的书包，里面装着几十本（通常是过时的）教科书——所有这些教科书早已可以通过任何平板电脑看到，只要点击屏幕上的按钮从一个版本更新到另一个版本，尽管学生疲惫的身影仍然是家长们晚上聚在一起谈论的话题。笔记本电脑的存在象征着博物馆的没落。媒体使用或者计算机科学可以作为合格的学科？如果能找到一位敬业且知识渊博的老师，也许可以作为一个工作组。

合格的教学资源其实就在那里，就是学生们自己。他们当中有很多专家，特别是来自高年级的学生，可以组织一个非常精彩的学习俱乐部。这样的课题从其他角度来讲也是一个很好的锻炼机会，老师们也可以坐在他们偶尔应该坐的地方——学生的座位上，而且可能能从学生那里学到很多关于计算机的知识！

毕竟，在这场新冠疫情中发生了很多事情，虽然只有一些学校意识到事情不能再这样下去了。尽管如此，在德国，计算机并没有被用在可以利用其优势的地方，这很让人吃惊。计算机的优势如果得到了充分发挥，孩子们就可以得到指导、交流和思考的机会。作为高效的工作工具的新媒体可以得到孩子们的了解和欣赏。孩子们还能了解到如何创造性地使用它们，创造新的东西——一个表格、一部电影、一个游戏、一个网站等。但是，如果连老师都没有做好准备，家长又怎么会准备好呢？

另一片新天地

由于新媒体的出现，儿童的世界发生了怎样的变化？这些变化是积极的还是消极的？世界是否真的变得更有趣、更自由、更有活力了？这就是我们在本章开头提出的问题。

是，也不是。

无条件的否定适用于幼儿：幼儿园孩子的生活既没有因为新媒体的加入而变得更丰富，也没有更精彩。恰恰相反。这个年龄的孩子有许多成长步骤都要在密集的关系网络中才能实现，而新媒体很容易让这个密集的网络变得松垮。因此，没有合理的理由让新媒体成为托儿所和幼儿园课程的一部分。即使在小学阶段，孩子们最需要的仍然是：身体、手和心灵以及各种看得见的直接体验。

对于年纪稍大一些的孩子来说，新媒体显得非常矛盾。

它们可以帮助渗透生活、塑造生活，并从中汲取"意义"。它们也可以帮助儿童维护各种关系，与人、与"部落"、与事物的关系。在一个建立关联和关系变得越来越困难的世界中，这一点尤其有价值。维护自己的博客是一种美妙的参与形式，是的，它能创造意义。与他人协调，无论是通过微博、电子邮件还是微信，都可以建立联系。

而对一些儿童来说，新媒体可以开辟出过去对他们来说一直是封闭着的发展道路。许多曾经收集邮票的孩子现在深入研究计算机语言或开关电路。是的，对一些孩子来说，虚拟世界确实是一种延伸，可以帮助他们借助自己的才能和个性更好地"抵达"现实世界。

而新媒体可以很有趣，可以给人带来快乐，就像实体游戏一样，也许甚至更多。

其实完全没理由反对它们，不是吗？

这不是一个修辞学的问题。它指出了真正的问题，它涉及所有媒体中的所有游戏。

最终的游戏收获

当儿童自己组织游戏时，也就是说，当他们"自由"玩耍时，他们是在按照一个古老的程序玩耍。当然，他们玩耍是为了"获得乐趣"，但在这个明显的原因背后是一个更深层次的最终目的：训练生活的基本技能。它让孩子们为自己的生活做好了准备，它把他们引向成长的源泉。儿童体验自由、直接性、挫折、亲密关系，并从中学习如何与自己、他人以及世界相处。举个例子：几个孩子在小河上筑坝，捡石头等材料，制定策略，观察成功和失败；他们必须合作，平衡利益，决定谁可以发布公告，而且他们必须十分机智。还有，还有，还有！在孩子们建造大坝的过程中，他们也在建造他们自己的地基！这就是游戏发展的根源和意义所在。它解释了这个事实：如果孩子们能够以自己的方式度过童年，为什么他们会把几乎所有精力都花在游戏（的准备或保障）上？游戏是成长的根本动力。

如果不允许儿童自由地玩耍，只允许他们"重复"游戏，即不开发和设计属于他们自己的游戏，就有可能产生这样的后果：游戏的表面原因和最终原因渐行渐远；"玩得开心"不再是为了获得游戏最终收获的引诱剂，而是目的本身；游戏背后的最终目的——发展和训练生活技能——仍然是一张空头支票。

让我们以应对阻力为例。阻力也被规划进了虚拟的游戏世界中：作为一个英雄，你必须战胜许多对手，才能不被打得鼻青脸肿。通常，"阻力"，例如游戏角色的速度或对手的数量，也可以自由调整。另外，在实体游戏中，阻力是设定好了的，游戏越是无序，越是不可动摇。如果你在骑自行车旅行，那你必须以某种方式返程，将奖励放在最后：我做到了！如果你在实体游戏中与对方不和，你必须与之争论，并且仍然要在未来某个时候与对方重新开始游戏。在虚拟空间则不同，如果这条路太长，你就可以点击别的路线。如果对方太烦人了，你就点击让他离开。

这同样适用于体验的直接性。Playstation Move、Wii Fit、手套控制器甚至全身控制器等，都是为了将身体和感官带入虚拟游戏世界，但与在非结构化的环境中玩耍时的情况相比，这仍然是个笑话。只要你见过孩子在外面玩了一下午后高兴而疲惫地回家的样子，就会知道这是什么意思。而对地方或人的依恋感仍然来自第一手的经验：气味、声音、情绪。感性的经验在灵魂上留下了*印记*，而与数据包的交换中却很少有这些。

现在，孩子们不仅玩他们自己开发的游戏，也喜欢玩"现成的"游戏，例如蒙眼捉迷藏等。但与市面上的游戏不同，这些游戏是由儿童开发的，由儿童传下来的，这些游戏是真正的儿童游戏。难怪它们在能力方面的收获非常明显，例如，提高灵活性或者克服恐惧。这并不意味着，作为市场产品被开发的游戏从根本上说是不合适的。首先，它们有一个不同的根源。一般来说，它们不是由儿童制作的，而是由成年人制作的。它们的开发是为了获得商业上的成功。一个简单的配方可以帮助它们成功：乐趣必须是高度集中的，易于消化的。但是，这些游戏是否能够让儿童获得最终的回报，即基本生活技能的发展，是值得怀疑的。一般来说，那些游戏中只是积累了"空白卡路里"。今天，由于儿童已经没有太多自由空间和闲暇时间来玩"自制"游戏了，营养价值的降低就显得更加沉重。

儿童游戏领域的趋势当然可以与经济和生活的其他领域的趋势相比：越来越多以前由儿童自己提供的服务正在被现成的服务所取代。人们自己准备食物的情况越来越少。儿童自己开发游戏的情况也越来越少，游戏研究正在观察越来越多代代相传的游戏是如何消亡的。

所以，互联网可能是一个承诺，但问题才真正开始：为了谁？以何种方式？在什么情况下？因为生活的好坏与新媒体或新技术无关。人们不会因为使用其他设备而变得更快乐。一个有工具的傻瓜仍然是傻瓜。这就是为什么关于"新媒体是好是坏"的问题现在有数百个答案，仁者见仁智者见智。每个人的机会和风险看起来都不同，因此这件事是值得我们做的：关注每个孩子，*他*的成长、*他*的年龄、*他*与世界打交道的方式、*他*的处境。

新媒体变得如此无处不在，不仅是因为其优化的吸引力，还因为我们已经创造了一个世界。在这个世界里，各种关系都处于压力之下。媒体本身是纸老虎，如果儿童生活在一个各种关系丰富多彩的世界里（与父母、朋友、其他儿童），媒体的力量就会大大缩小。

让我们回到故事

让我们总结一下，人们（以及他们的孩子）可能会在虚拟空间中度过越来越多的时间，但人类发展的源泉并不在人们被他们的故事吸引的地方。

这并不意味着，生活中的伟大故事不能用新媒体来讲述。但它们只在某些条件下对儿童起作用，而这些条件也是适用于"旧"媒体的。

只有一些故事是值得听的，所以选择必须正确，程度也必须正确。毕竟，儿童不仅想体验故事，还希望并需要亲身体验生活。而且，故事只有在这种条件下才有用：它是加强而不是削弱儿童发展最重要的基础——丰富多彩的、生机勃勃的关系。

那么，光和影就会紧密地联系在一起。

尖叫声能穿透多深？

我们在露营。远处是森林的边缘。夏日的夜晚降临。马里奥和我们一起坐在火堆旁，靠近他的爸爸。噼里啪啦，木头，火花，感觉，想法，一切都在一起。火焰相互缠绕，有橙色、黄色、紫色的线，还有气味和谈话的片段。有向我们辐射的温暖，但后背已经感受到了凉风。在火的光辉中，有安宁和安全。但当篝火熄灭，我们也感受到了自己的焦虑。我们吃饱了，玩累了，但我们的内心却有一种紧张。我们休息，但我们也有工作要做——火需要滋养。在夏日，我们遇到了即将到来的一年和过去的一年。有这么多的故事。这些故事从某种程度上说伴随着整个人类的发展史。

我们和孩子席地而坐。突然间，远处传来一阵叫声，沙哑的"嗷呜——嗷呜——嗷呜——"。一次又一次。像狗叫一样，但，又是忧郁的，让人听起来后背发凉。但也很兴奋。不管怎么说，这种叫声让人记忆深刻。

当然，孩子看着我们，想看清楚我们脸上的表情。当然，他能够感知到每个人的情绪。他当然会看到他的爸爸是如何倾听外面的声音，以及他的脸是如何僵住了。也许他还注意到爸爸也有一点恐惧：什么动物在黑暗中吠叫？看到大人们很快就会继续他们的谈话、吃饭、聊天、说笑和讲故事，孩子肯定会松一口气。在背景声中，仍然有偶尔的吠叫声。爸爸说，是雄獐子，它们在寻偶。

对孩子来说，这是故事的一部分。这个故事的诞生，就像一座塔的诞生一样。建造小塔可以通过简单地把石头一块块堆积起来。

但真正的塔需要一个地基，而且需要框架结构。一点点经验，一个个感觉，都建立在充满安全感的陪伴的基础上。

人类发展就是这样的。儿童也是如此解释世界的。

思维之窗：耐心

20世纪80年代，美国的一位心理学家对五岁六岁的儿童进行了一个非常有启发性的实验。孩子们在一张桌子前坐了一长排，每个人面前都放了一个甜食——棉花糖。然后孩子们被告知，那些没有立即拿起并吃掉棉花糖，而是等待10分钟的孩子将得到第二个棉花糖。

事情的发展与人们预料的一样。有些孩子可以等到那么久，有些则不能。孩子们的行为被记录下来，20年后，当他们成为成年人时，研究人员再来调查他们的情况。

结果非常值得人们注意：那些小时候没有立刻吃掉棉花糖，而是在棉花糖前坐着等了10分钟并得到第二个棉花糖的人，现在作为年轻的成年人，在各方面都优于那些当时耐心不足的小伙伴。他们接受了更好的教育，从事要求更高的职业，赚更多的钱，有更多的朋友，更稳定的伙伴关系，甚至更少生病。显然，这项研究令人信服地表明，如果儿童很早就学会大脑研究人员所说的"控制冲动"和正常人所理解的"耐心"，这对他们整体的发展是非常有益的。[44]

在最广泛的意义上,这种"等待的能力"是一种更高层次的能力,即所谓的元能力的表现。它被称为自律或情感控制。除了冲动控制之外,还包括挫折容忍度,即当事情没有成功或没有按照你希望的方式发展时,不立即放弃和抛弃一切的能力。这也是我们所理解的耐心的一部分。

儿童并不是从一开始就能做到这一点的。只有当这些能力所需要的非常复杂的神经细胞连接在儿童大脑额叶中得到充分发展并稳定时,孩子才会拥有这些元能力。但这个过程并不是自己发生的。只有当孩子被给予尽可能多的机会,体验到在以下情景中的快乐——当大脑深层区域发出了冲动信号,而他并没有马上去做这件事;他想要的东西并没有马上得到;不是每个需求都能立刻得到满足,不是每个冲动都能马上付诸行动——才能拥有。

然而,如果想从外部,即通过父母、教师和其他教育工作者对孩子的管教,建立这种自律所需的神经元连接,那是行不通的。换句话说,就是由别人来告诉他们什么该做,什么不该做,必须有耐心,要表现良好。自律能力所需的神经元连接,只有通过孩子自己对"耐心"的具体体验才能形成。

如果一个孩子必须不断经历被人规训和施加压力,让他按照要求的方式行事,那么自律所需的那种神经元连接就不会在他的大脑额叶中形成。这种情况最多会产生这种神经元连接:它负责自己认为最适合作为这种纪律措施的解决方案,即服从被告知的内容,做被要求做的事情。但这与自律没有关系,而是服从。一个已经学会了服从的孩子只会做他应该做的事,他根本不需要任何自律。而这对孩子以及与他人的相处都不是很好。

为了获得这些自律所需的元能力，并发展大脑额叶中负责这方面的网络，儿童必须有以下经历：当他着手做某件事时，如果他坚持下去，不跟随每一次冲动，不让自己因失败而气馁，这种感觉是好的、有帮助的，甚至是美妙的。除了耐心等待，没有其他方法方式实现目标，完成任务。

因此，与其让他被约束管制，不如让他在自己身上体验到纪律的好处，体验到自律。然后，他也将能够为自己如此耐心地等待并在这件事上保持如此勇敢而感到高兴。而只有到那时，他大脑中负责这种喜悦的深层情感区域才会被激活。而只有当位于那里的神经细胞被激发时，它们才会在其长长的延伸末端分泌出这些特殊的神经可塑性信使物质，这些物质就像肥料一样作用于大脑额叶中负责冲动控制和挫折容忍的神经元细胞连接。

如果你想学习自律，那么你必须能够在自律成功时感到高兴，否则它就不会起作用。你只能学会咬紧牙关，坚持不懈。但这样一来，没有一个孩子能够保留其与生俱来的喜悦，自己去发现和创造，发展自己的才能和天赋。所以我们也就可以理解，为什么所有那些在五六岁时没有立即吃掉面前的棉花糖的孩子，比他们那些没有耐心的同龄人发展得更好。

到目前为止，一切都很好。但是，孩子在哪里能找到尽可能多的机会来体验管教的好处呢？哪些体验式空间特别适合这样做？你猜对了，这种机会很少能在托儿所找到，在幼儿园或学校也不一定能找到。这种机会肯定是在外面，在大自然中。

换句话说，如果你不能耐心等待，你就学不会任何事情，也无法完成任何事情。你必须等待，直到鸟儿来到喂食器前，老鼠从洞里出来，或者池塘里的青蛙鼓起腮帮子开始呱呱叫。在马术学校里，你首先要耐心地清理你的马，清洗它的蹄子，给它安上马鞍，然后你才能骑它。你不能命令池塘里的鱼吃鱼线上的鱼饵，而是必须安静地等待它上钩。

放在地里的种子不会在按下按钮时发芽并长大开花。如果你想吃到甜美的水果，而不是被不成熟的水果弄得胃痉挛或腹泻，你就必须等到树上的樱桃和苹果成熟再去吃。

所以在那里，在生机勃勃的大自然中，每个孩子都能自己学会成功生活所必需的最困难的事情。

Chapter 6

大自然危险吗?

在什么都不能发生的地方,
什么都不会发生。[1]
　　——迈克尔·格拉泽曼（Michael Grasemann）
　　游乐场设计师

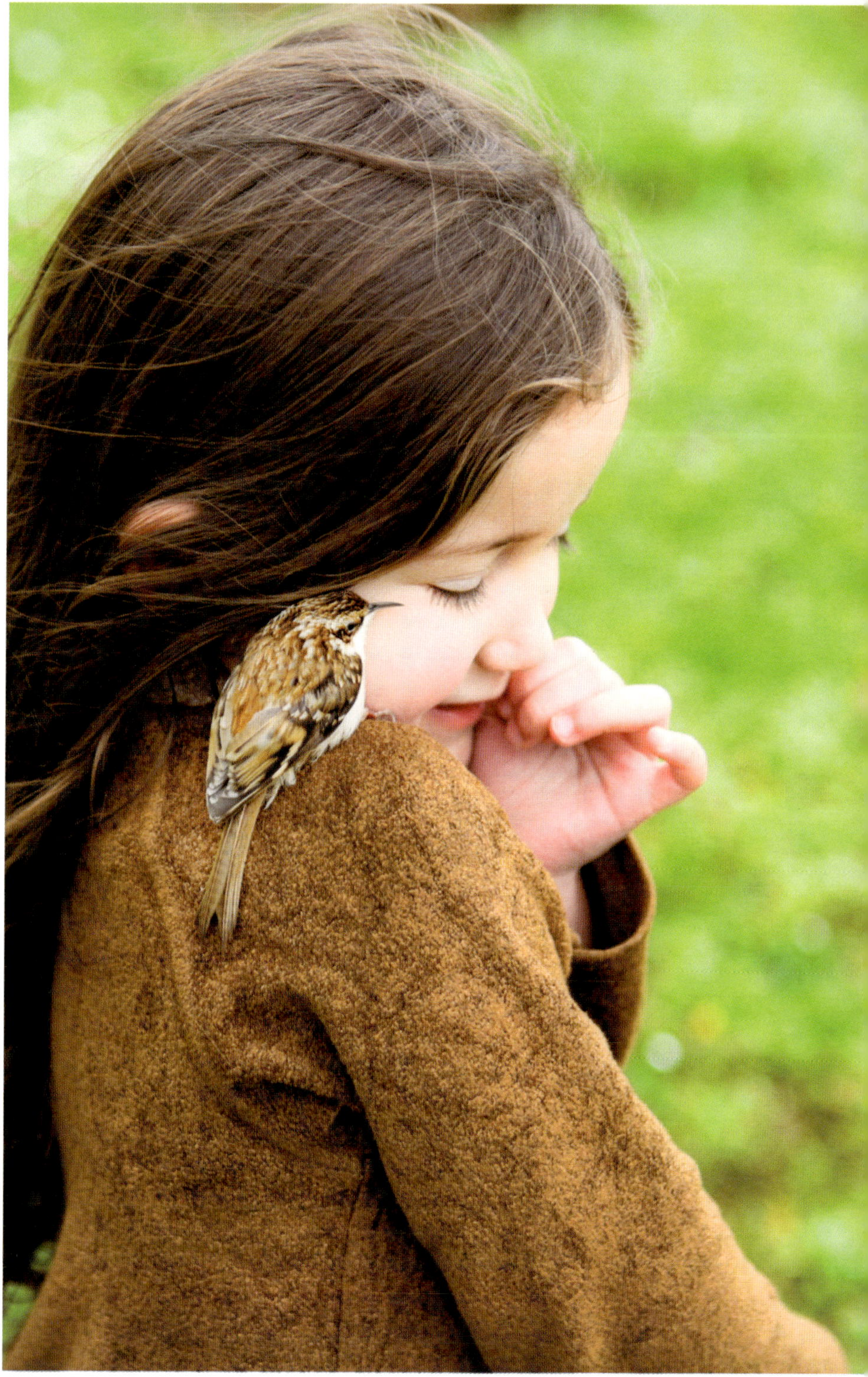

我的父亲坚持用"翼"这个字:"燕子有翅,鹤有翼。"

白鹤每年会经过我们的村庄,我们也越来越清楚他的意思。今天,在谈论鹤的时候,我们没有一个人会用"翅膀"。

我们年复一年地等待着它们。我们在收获的季节打开窗户。我们在床上聆听,任秋日的凉风吹拂着我们的脸颊,凝神屏气。

它们总是像在魔法力量的操控下到来。很快,整个村庄都知道了。当人们相遇时,他们互相讲述鹤的故事。

有多少只鹤。它们以何种队形飞行。

当它们到来的时候,起初空气中只有细微的震动。然后是沙沙声,越来越响,越来越深,越来越强。声音忽高忽低。让人有一种骑在波浪上的感觉。空气的波浪,从中升起细腻的、银色的音调。空气的歌唱。

它们细长的脖子划破黑夜,在双翼之中,像箭一样,向着目标飞去。

成百上千支箭。黑夜的幕布裂开了,被撕碎了,夜幕泛起了涟漪,波光粼粼。鹤群过后,波浪久久地挂在空中。

天上的路有多难,我们这些孩子只能猜测。每年都会有不止一个农民在田里看到一只全身伸展开、坠落在地上的鹤。它的羽毛全部散开,仿佛它还在夜里飞翔。仿佛它可以把大地推开,就像征服了天上的空气一样。仿佛他可以再次追上鹤群，殊不知因它的坠落而残缺的队形早已被补全。

有几年，它们大量死亡：从天空中踉跄而下，精疲力竭，憔悴不堪。也有一些年，缺口被补上了。

有一年，一些白鹤在我们的县城学校旁边的小公园里搁浅。

很快，它们就上了报纸。死鹤的照片。羽毛散开的大鸟。

起初是倡议居民们来照顾鹤，后来就演变成了一个政治问题。政府制定了一个保护鹤的方案。研究人员去了那里。

再后来，他们去了白鹤的繁殖地，在阿拉斯加的内陆。报纸设立了捐款账户，以资助"遭遇生存危机的鹤"这个项目。钱从各地涌来。

当第二年的收获季节结束时，我们再次打开窗户。出于习惯，我们躺在床上倾听我们以为我们听到了的，从远处传来的那种震动。

但沙沙声没有了，翼之歌没有了。每天划破夜空的箭也没有了。

取而代之的是发动机细微的嗡嗡声、卡车的震动和隆隆声。一个车队将鹤从繁殖地带到了南方，将它们从路途上的危险中拯救出来。

鹤与儿童

诚然，这个开头说起来话有点长了，毕竟这本书不是关于鹤的。不过发动机的嗡嗡声与本章的主题有关。因为如果我们快速回顾一下最近的几代人，就会发现一个明显的趋势：儿童被越来越多地从这里运到那里，在具体意义上和抽象意义上。是的，似乎整个家族已经从野外搬到了"动物园"，因为野外太危险了。

而在新的世界里，赋予父母的故事以奇异色彩的一切，对孩子们来说都是禁忌：与其他孩子一起闲逛，在被遗忘的建筑工地上燃起篝火，在这个废弃的建筑工地附近探险。

道路的危险性

那么，外面的生活真的变得更加危险了吗？

如果我们看一下统计数据，就会发现答案很清楚：不，今天的儿童并不比过去生活得更危险。

今天被绑架或被虐待的儿童并不比前几代人多，而是少得多。一位统计学家计算过，即使在大城市，一个孩子要站在街角 60 万年才会被陌生人强行带走！今天，即使是交通也不会对儿童构成更大的威胁。虽然今天的汽车数量大大增加，但死亡人数却比 1970 年少得多！

这绝不是说外面没有危险。危险是真实存在的，必须认真对待。但这具体意味着什么呢？

让我们来看看蜱虫。这是家长们热议的一个危险，尤其是班级旅行或在学校营地逗留时。让他们的孩子在森林中度过一个下午，许多家长都会感到害怕。而这危险并不是凭空捏造的，毕竟，蜱虫可以传播讨厌的疾病，如莱姆病或被称为 TBE 的森林脑炎，一种由病毒引起的脑部炎症。

然而，这个例子表明，这种危险是多么容易变得不成比例。让我们来看看TBE，它多发于森林面积较大的联邦州，多年来一直可以通过接种疫苗来预防，而且保险公司也会慷慨地支付疫苗费用。（既然我们现在谈到了疫苗接种的问题，我需要提前声明，我对疫苗的态度不是全盘否定，也绝不是疫苗接种的反对者，这一点在我的《儿童健康指南》[2]中也有说明）。

儿科医生注意到的与TBE有关的第一件事，是许多家长带着他们的孩子来接种疫苗。事实上，现在TBE病程变得复杂的危险性与年龄有很大关系，但幼儿最不需要担心。他们只有在极少数特殊情况下才会出现严重病程（如涉及神经系统）或并发症（如神经衰竭）。在德国，医生每年共向当局报告约400例TBE病例。其中只有10%，即总共只有约40例，涉及15岁以下的儿童。而其中只有四分之一涉及神经系统，说明这在德国每年总共只有十例。对8岁以下儿童造成永久性损害是罕见的，在德国只有一个这样的案例（而且是30多年前发生的）。正如这些数字所显示的，TBE对儿童来说是一种罕见的疾病，而且一般比较温和，几乎没有严重的永久性损害。[3]

这也适用于由蜱虫叮咬传播的第二种疾病，莱姆病。它比TBE更常见，多达二十分之一的德国儿童感染了包柔氏螺旋体。然而，在10个病例中，有9个病例的病原体被人体自身的防御系统所中和，没有出现任何疾病的迹象。在那些被蜱虫叮咬后真正生病的儿童中（每两百个"被叮咬"的儿童中就有一个），95%以上只有皮肤受到影响。更严重的病例（如关节炎症、神经损伤或大脑损伤）很少见，通常来说抗生素的治疗效果还是比较理想的。[4]

我说这些并不是让大家不要担心蜱虫——它们可以传播疾病，这就是为什么夏天白天在树林或者草地上玩耍后，晚上有必要进行蜱虫检查；但我反对歇斯底里的做法（疫苗制造商在每年夏天开展的"小心蜱虫"活动中助长了这种做法），这种做法将大自然变成了某些家长的战斗前线。

让我们站在正确的角度来看待这个问题。毕竟，每 30 个孩子中就会有一个在童年时期对电脑游戏上瘾，每 15 个孩子中就会有一个有严重超重的问题，大约每十个孩子中会有一个出现精神障碍。时至今日，每年仍有多达 5000 名儿童在车祸中严重受伤。我们可以——这个要求也应该向许多有责任进行宣传工作的办公室、医生和当局提出——在涉及野外的自然危险时，不要太夸张。

日常生活中的许多危险一开始很抽象，因此风险评估就变得非常困难。由于缺乏"转换率"，它们不容易与实践中的其他可能性进行比较。比方说，一种严重的、往往是致命的疾病可以通过接种疫苗来预防。那么，这样的疫苗接种在什么时候才是"值得的"？当它每年影响到10个孩子时？100？1000？或者只有一个？在最后一种情况下，也许在去接种疫苗的路上发生交通事故而受到伤害，或者因接种疫苗的罕见副作用而生病的孩子反而更多。而花在疫苗上的每一元都不能用在其他地方，比如说建设安全的自行车道上。塑造一个无危险的世界确实是一个复杂的问题。

我们为什么有如此多的担心？

有一个原因很清楚，也很容易理解：今天的父母对孩子管得更多了。过去小孩子爬树的时候，他的父母会在树下站着吗？（当然，如果妈妈在身边，也不会有孩子偷吃邻居的美味草莓……）简而言之，在现实中，我们之所以能够做所有这些美好的事情，是因为我们的父母没有看到！

笑眯眯地旁观自己的孩子在（高）墙或（陡）楼梯上玩耍，这真的不是一件容易的事。我们成年人会自动把自己作为一个标尺，一句"小心！"就这么脱口而出了。

但是儿童显然有他们自己的视角。让我们看看一个正在学习走路的孩子。当他摔倒时，他的膝盖不是从 50 厘米的高度落地，而是从大概 20 厘米的高度；而且不是 80 公斤的重量压在他身上，而是大约 10 公斤。坠落的重量和因此受伤的风险要小很多。唯一的问题是，我们这些旁观的人，当然是从自己的角度出发的。实际上，我们必须要比小朋友们更小心！

而且我们年龄越大，越是如此。因为我们会不自觉地将对自己身体的评估传递给孩子们。如果我们自己是优秀的登山者，那我们更有可能旁观我们的孩子登山。也许这种日益制约儿童生活的恐惧的一部分，实际上与以下事实有关：年龄越来越大、骨骼越来越僵硬的父母正在和他们的孩子一起玩耍，嗯，"追逐嬉戏"。（如果我们回顾过去 50 年，会发现一个明显的趋势：因为从那时起，出生的孩子越来越少，今天的数量是 1964 年的一半。"平均成年人"已经变得越来越老了。可以说，父母与孩子的年龄差已经变得更大了。也许这就是为什么我们有时会发现要跟上那些奇怪的小家伙的步调是如此困难。

从另外一个角度看待风险

但文化氛围也发生了变化。当涉及我们的生活规划，涉及幸福和健康时，问题不可避免地出现了：在这个过程中可能会发生什么？由于我们能越来越好地衡量和预防可能发生的危险，我们的视野实际上越来越缩小为这样的问题：如何避免风险？而我们的视角已经停留在病理上，停留在可能的疾病以及灾难上。而其他的东西，那些构成我们的身份、我们的关系、我们的希望和幻想的东西，常常不得不从属于这个视角。在它的前面，有一片浓密的乌云，那是恐惧。

难怪我们越来越多地求助于科学。我们让它在生活中越来越多的领域决定什么是好的和正确的。它已经成为我们的焦虑缓解剂。我应该（可以）让我的宝宝和我睡一张床吗？我可以用背巾来抱/背他吗？我们已经习惯于不再用我们的直觉来回答这些问题。我们更愿意把这些问题留给科学，因为我们认为科学是客观的。目前最受人追捧的是大脑研究，因为我们相信它能做出普遍有效的评估。那些与我们个人的生活视角关系更密切的问题很容易被遗漏，或者听起来很平庸：什么是"实用"？什么能让我的生活更轻松？它给我的感觉如何？或者什么样的关系对我来说是重要的？甚至是，我想过什么样的生活？

在这个过程中，我们往往忽略了一些事：科学的答案是针对向它提出的问题的。如果我们问它可能的危险，我们不应该期望得到一个平衡的答案，同时也考虑到可能的好处，甚至贴合我们个人的喜好和对"正确的"生活的设想。

例如，如果我们以严格的科学方式询问，将婴儿抱在怀里是否安全和无害，那么除了得到"不，不安全"外再没有其他答案了。毕竟，有充分的证据表明，有很多婴儿因为被父母抱在怀里而受到伤害，他们和他们的（可能是醉酒的）父母一起从楼梯上摔下来，在某种命运的巧合下从梯子上摔下来……抱着婴儿当然是有风险的！如果我们始终沿着风险视角的道路前进，这一点迟早会被科学清楚地证明给我们看（甚至有些专业协会会为此制定一个"指导方针"），一般来说，科学会反对抱或背婴儿的。

在我们对科学的信仰中，我们有时会忘记的是，在与我们个人生活有关的问题上，科学并不能给我们答案。或者说，你会问一个科学家，不管是多么顶级的科学家，你到底该不该和你的丈夫离婚吗？

⁞对许多人来说，包括许多科学家，让人很失望的一件事是：科学在很大程度上秉承的是风险视角。但在这背后是这样一个社会：它首先问的不是什么能加强、激励或鼓舞人们，而是什么可能削弱、抑制或危害人们。成千上万的研究解释了什么会让我们生病（从咖啡到酒精），但很少有研究关心的是什么能帮助我们在可能存在的压力和危险下过上健康和快乐的生活。

风险体系

事实上，这种风险观早已渗透到日常生活中，渗透到司法判决中，渗透到幼儿园、学校的指导方针中，渗透到整个"系统"中。在英国的一些公园里，树木的下部树枝都被锯掉了，这样一来，如果有孩子在攀爬时受伤，公园就不必担心有人找它索赔。这个案例也很典型：在德国一个关于教育的谈话节目中，一个在那里很受欢迎的人吹嘘说，他的父母曾经起诉过他的家乡，因为他在滑梯上玩的时候烧伤了自己的光屁股。这当然能成功，因为确实很疼。

接下来我们如何前行？

接下来我们如何前行？当一切都变得如此错综复杂，并在某种程度上也成了我们文化导航的一部分，事情肯定就不会那么容易了。至少我们现在已经确定了几个同伴，孩子们的守护天使。孩子们越小，守护天使的工作就越容易。小家伙们可以轻松实现弯道超车，而不会失败。而且他们的身体也具备自我保护的能力，我们大人伤口的愈合速度永远比不上儿童和青少年时期的……

守护天使的工作除了守护外，还有一种方式是通过学习。事实上，处理风险是儿童发展中的必修课。他们只需要一样东西：一个结构化程度尽可能低的复杂环境。"尽可能地摇摇欲坠，尽可能地多样化，尽可能地对感官要求高。"来自威斯巴登的体育教育家迪特·布雷塔克（Dieter Breithäcker）如是说。通过按照自己的计划和节奏面对风险，孩子们建立了儿童研究人员所说的"经验性恐惧"，这是一种与可能的后果，或者说所谓的坠落高度相适应的恐惧。然后，孩子们就会一步步学会评估每一个风险。

化解风险

关于化解风险,孩子们的做法是相当系统的。比如,他们在游戏中正是被那些可以一步步测试自己极限的领域所吸引,从而对自己的能力建立起信心。发展心理学家艾伦·桑德斯特(Ellen Sandseter)详细研究了这一发展区域,并确定了在游戏中特别吸引小家伙们的六个领域:距离地面较高的高度;攀爬、跳下、保持平衡、倒挂、摇摆;高速(最好是侧身倾斜);野外漫游和混战,无论是用垫子还是用"武器";躲藏或冒险进入未知领域;当然还有,接近危险的地方——儿童喜欢在斜坡上、水边、火边玩。他们被危险的物体所吸引:他们为自己配备自制的弓、刀、矛,这些东西父母看到保证冒冷汗。

在这个"风险区域"内游戏遵循一个非常具体的脚本:孩子们在那些略低于他们恐惧阈值的活动中玩得最开心!这个奖励引擎推动,不,迫使孩子们一次又一次地回到这个让人心痒痒的区域,因为他们总是能在那里学习新技能,恐惧的天花板也逐渐抬高。

⋮⋮⋮正如德国儿童与青少年健康访查调研项目(KiGGS)的运动技能测试所显示的那样,35%的儿童和青少年无法在3厘米宽的横梁上向后退两步或更多步,86%的儿童和青少年无法在不接触地面的情况下在3厘米宽的横梁上单腿平衡一分钟,43%的儿童和青少年在坐位体前屈时无法够到脚掌。体能不足不仅是积极生活的障碍,而且使儿童更容易受伤。如果不能控制自己的身体,那你就生活在危险之中。（如果你想对当今青少年唱一首哀歌，那么你应该记住，这些运动缺陷的原因并不在孩子们身上。孩子们可是一有机会就会运动的！）

因此，孩子们的冒险活动就是在走钢丝：一边是欣喜（我成功了！），另一边是恐惧（我能做到吗？）。这是他们获得安全感的唯一途径，也是他们能够慢慢超越自己的唯一途径。而这种不断升级的游戏行为同时也是对他们最大的保护，他们只有在成功翻越了稍低的矮墙后才会去挑战下一个高度。

事实上，有很好的证据表明，花大量时间在户外的儿童（即被允许在上述"一个结构化程度尽可能低的复杂环境"中玩耍）不仅更健康，而且更不容易受伤。[5] 大约四分之三的儿童事故和运动缺

陷有一定关系。最严重的伤害，往往正好发生在那些没有"盾牌"的儿童身上。守护天使似乎不能在玻璃钟罩下工作。

儿童的成就

事实上我们有个好消息：孩子们在发现之旅中绝不是完全的傻瓜，只能在父母的帮助下才能安全和成功地探索他们的环境！恰恰相反。只要他们向内心的诱惑方案投降，敢于以自我决定的方式接受挑战，就能为自己建立一个盾牌。这个盾牌的护片就是儿童在自由设计的日常生活中获得的许多能力：不断增长的力量，不断增长的灵巧，不断增长的抗挫能力。在这个盾牌的保护下，他们就可以迎战危险的巨龙。请注意，是他们自己，而不是父母。

进化生物学家指出，这种由儿童实施推进的驯服计划直接来源于人类历史上的发展条件。正如第一章已经指出的那样，童年中期原始的社会性栖息地是混龄儿童群体，而成人的陪伴或监督是相当松散的，或者至少是不严密的。那么，如果孩子们能够在某种程度上确保自己不受自然界危险的影响，那就很好了！

然而，与此同时，进化生物学的观点指出了一个困境：现代世界已经让他们的保护方案出现了漏洞。在混龄环境中玩耍有一个额外的保护功能：大孩子不仅提供思想和语言输入，而且还为低龄儿童提供保护。从观察中可知，在混龄组中，往往有一些安全规则，在一定程度上保护了年幼的孩子不因自己的好胜心而受伤。例如，年龄较大的儿童用自己的经验告诉大家某棵树很危险或者某些树枝很难爬，那么，这些东西对年龄较小的儿童来说就成了禁忌。相反，我们知道，西方社会化过程比较偏爱同龄游戏组，很容易形成一种高压锅效应。例如，特别是4~5岁的孩子（男孩比女孩更多）在他们之间玩耍时表现出强烈的竞争行为：每个人都想成为最大的、最好的和最快的……同时，孩子们不一定会相互刺激从而导致对方做出相应的冒险行为，相反，他们倾向于自己在树上爬得更高……从这个角度来看，很遗憾，越来越多的"学龄前儿童"从儿童团体中被抽出。

而且，进化生物学视角向我们揭示了另一个漏洞：孩子们非常善于训练自己应对自然的危险。可以说，这是他们与生俱来的能力。但是他们不断升级的实验程序却无法掌握一些现代的危险：插座里的电、有毒的化学品或三楼打开的窗户。保护儿童远离这些危险，确实应该是父母热衷的目标。

心灵的创伤

如果不允许孩子们承担风险，怎么才能让他们学会评估风险呢？如果你从儿童的角度来看，这根本是不可能的。行动和实践，这就是儿童的保护方案。今天，它可能运行得不顺利，但父母应尽可能地使用它。

因为，这种"试错方案"保护儿童免受的伤害不仅仅是身体上的，而这可能也是它最重要的优势。总是极力避免风险的儿童会觉得自己对任何事都无能为力。因为他们缺乏了许多获得成功以及技能的经历，所以他们很容易变得灰心失望以及胆小怕事。如果儿童前进的道路上充满警告和禁止，那么世界对于他们来说就是一个充满危险和威胁的地方，而他们自己就是需要保护的弱者，而不是积极的创造者。如果这种悲观主义开始侵蚀孩子们的心灵，肯定比一些外伤淤青更糟糕。

对于我们成年人来说
也是一个学习的过程！

我们可以为孩子们自然的风险化解计划提供多少空间，这与我们怎么看待儿童生活的角度有很大关系。

然而，这也需要我们自己的智慧。我们需要认识到，规避风险本身就是一种风险。实际上，现如今坐着可比在外面玩耍要危险得多！毕竟，事实表明，高血压、肥胖症、糖尿病和心脏病更容易出现在那些童年时没有足够运动的人身上。如果今天有人受到伤害，那更有可能是因为他们在童年时没有迈开腿！

而这适用于许多领域。众所周知，由于户外活动的减少，儿童和青少年体内维生素 D 的平均水平多年来一直在持续下降，儿科医生正在认真考虑，除了之前建议的幼儿在出生后的头两年服用维生素 D 药物制剂，是否有必要在两岁以后继续服用。毕竟，维生素 D 不仅能使骨骼更坚硬，而且能使免疫系统更强大。而父母们越来越担心的是什么？是晒太阳可能会导致皮肤损伤。

因此，理智地说，我们已经在错误的轨道上走了太久了。当我们的孩子爬树时，我们会担心，但实际上他们如果不爬树，我们才应该担心。当我们的孩子在幼儿园"只知道玩"时，我们会担心（他们能学到什么呢！），但我们应该为他们与其他孩子一起度过的自由而富有创造性的每一个小时而感到高兴。

理智在这里的影响力如此之小，毫无疑问是因为我们在风险评估方面有一个相当古老的导航系统。我们无可奈何地偏向于更害怕旧的危险，对于新的风险，我们根本没有内在的"货币计算器"来转换。在德国儿童中，只有几百万分之一的儿童会在他们生命中的某个时刻受到蛇的伤害。然而，我们却对蛇感到恐惧。不管怎么说，我们对蛇的恐惧比对汽车的恐惧要大得多，尽管在德国每年有75000人被汽车严重伤害甚至走向死亡。我们甚至不害怕无形的危险，如高血压，它影响了五分之一的中欧人，从长远来看，也会使他们中的许多人因中风或心脏病发作而死亡。但是，当涉及在儿童中广泛存在的游戏缺失综合征时，我们确实无所畏惧。

我们谈论自信，并希望孩子们拥有自信——但如果我们自己对他们都没有信心，他们应该从哪里获得自信呢？

守门人快走开！

如果我们仔细观察，就会发现，风险问题像一个守门人一样站在孩子们对自然的体验面前，一个超重的、有点气喘吁吁的、看起来也不太高兴的守门人。它是一个名副其实的游戏破坏者！现在已经有一些家长要求孩子们在课间休息时待在屋里，因为他们觉得在外面受伤的风险太高了。有些孩子甚至被父母通过GPS监控，这种技术实际上是为罪犯开发的。一旦他们的孩子偏离了被父母写进程序里的轨迹，父母就会收到一条信息。

公共部门也做出了巨大努力，以确保小家伙们的安全。根据《公共游乐场安全手册》[6]，四岁以下儿童使用的秋千"必须在其四周和两腿之间提供保护，而且不能在没有成年人监护的情况下攀爬或独自荡秋千"。该手册的其余70页也像一本关于如何最好地将操场变成一个高安全区域的手册。但是现在我们知道了，这一招会适得其反。来自伦敦的风险研究员大卫·鲍尔（David Ball）调查了在安装了新型减震安全地板的游乐场所儿童的受伤风险。结果是：翻新后，骨折的案例没有减少，反而增加了。显然，"安全的"地板诱使孩子们进行更危险的跳跃。[7]

也许我们已经比我们想象的走得更远。因为统计数据在另一个方面也很清楚地表明，非常矛盾的是，父母确实允许他们的孩子承担风险，但是在当今的文化框架内。例如，在冬季运动中，父母将他们的孩子暴露在非常明显的风险中。冬天在外面玩耍时，得非常倒霉，才会遇到交叉韧带撕裂或小腿骨折。然而，在冬季运动区域附近的医院里，这些都不是什么稀罕事。而且，森林经常被视为事故高发区，许多家长却毫不犹豫地将他们的孩子送去参加足球训练，甚至参加竞技运动。然而，数据很清楚地表明：孩子们在运动中受伤的可能性比在大自然中玩耍要大得多。为了获得成绩，在教练和家长的鼓励下，孩子们对自己的要求比玩耍时的高得多……

我们真的能够夺走孩子们手中野花，仅仅是因为它们可能有刺？

一切都与内心的榜样有关

调查显示，在瑞士大约 80% 的儿童骑自行车或步行上学。而在德国，6~10 岁儿童中只有 45% 的人每天都会进行户外活动[8]。在瑞士，为了确保儿童安全上学，他们喜欢组成步行小组，并由父母们商定由谁来陪伴孩子们。而在德国，人们习惯于依赖汽车的保护。而这就形成了一个恶性循环：如果孩子们在上学路上和公共汽车上一直有父母的陪伴，他们怎么可能学会自己去上学呢？几乎没有一个地区的儿童不能理解和掌握这个规则：没有成年人的帮助，他们也能自己去上学。如果有哪里的儿童不能做到这一点，那么这里就应该建新的路了。

你的孩子应该是自由的
让他去奔跑和倾听，寻找和摔倒，
站起来和迷路。

——J.H.裴斯泰洛齐（J.H.Pestalozzi）

关于儿童与鹤

让我们回到鹤的问题。想要实现无伤害的童年，必须同时削减儿童的发展机会才行。我们想安装的安全气囊不仅是保护，也是阻碍。所以在某种程度上，膝盖受伤其实是孩子的权利。如果没有一点伤痕，就无法获得对世界的认知。这并不是说我们作为父母不应该做任何事情来防止孩子们的膝盖擦伤，而是说我们不应该做得太过火，不应该破坏童年的结构。

因此，鹤的故事尽管在一些人看来很牵强，但却包含了一个非常具体和与日常相关的核心：儿童不能没有自由。自由是不可妥协的。儿童需要自由来为他们的生活打下基础。而自由和安全一直是对立的。没有无风险的自由。是的，我们可以安全地把孩子们送到他们的"生活区"而使其不受到伤害。但是他们真的能在那里生活吗？

生活的总计划似乎并不害怕眼泪。它甚至包含一个令人生气的事实：如果试图让自己（或我们的孩子）远离每一个风险，那么我们也就让自己远离了生活本身。

思维之窗：信任

迫使我们人类从孩提时代开始就去寻找解决方案，并将这些曾经找到的应对策略牢牢地固定在大脑中的最强大的力量是恐惧。

恐惧是一种蔓延全身的感觉，它让我们呼吸困难、喉头发紧、胃痛和心悸，让我们头皮发麻、膝盖发软。恐惧总是在发生威胁到我们生命的事情时才出现，这是一件好事，因为恐惧让我们的大脑和整个身体都处于警戒状态。我们从骨子里感受到了恐惧，否则我们将无法认识到危险，更不可能将自己从这个危险的环境中带到安全的地方。通常情况下，每个人，即使是一个小婴儿，都能在这个世界上泰然自处，直到有事情发生。也就是说，我们如果感知到一些与我们熟悉的世界格格不入的东西，这种泰然自处的状态就会被打破。

然后，人们不知道如何应对。如果不能成功地激活大脑中适合应对恐惧的反应模式，就会形成一种蔓延的非特异性反应，即越来越混乱。然后，人就不再能清晰地思考和采取深思熟虑的行动。当这种非特异性反应扩散到大脑的深层区域时，负责调节身体反应的网络也会出现了一定的混乱，随即导致所有这些与恐惧有关的身体变化。

同时，应激激素被释放，它可以调动身体的能量储备，使其进入应对恐惧的典型的警戒反应。

如果仍然找不到摆脱危险的方法，大脑最底层的位于脑干部位非常强大的古老的应急网络就会启动。

然后，便是攻击，如果攻击不成功，则是逃亡。如果攻击和逃亡都不能作为解决方案，就会陷入无意识的麻木状态。

然后大脑中的恐惧电梯就降到了地下室。这不是一个令人愉快的状态，我们不能在那里待很久，否则会生病。

我们只有重新回到上层，也就是回到我们可以有意识地计划行动、思考和谨慎行事的大脑区域，只有再次找到我们在这次下降到脑干过程中失去的东西——信任，一切才有可能。

怎样才能找回信任？例如，可以通过意识到：我们确实拥有某些技能；我们可以依靠自己已经获得的知识和技能；即使在如此困难的情况下，我们也可以以某种方式帮助自己，战胜恐惧。所以我们必须以某种方式重新获得对自己的信任，找回失去的自信。

这对儿童来说通常比成人更困难，因为他们知道的东西不多，能力也有限。这就是为什么成年人通常能比儿童更快地恢复冷静，并做一些事情来克服他们的恐惧。通过这种方式，他们重新获得对正在发生的事情的控制。他们会发现，恐惧是可以通过自己的反应、自己的行动来克服的，这是非常令人欣慰的感觉。

在大脑中，所谓的奖励系统随后被激活，这些神经可塑性信使被释放，导致所有那些负责所谓的人的自我效能感概念的神经元连接得到加强。这也巩固了内心的信念：恐惧是可以通过更好的控制来克服的。

一方面，这是好事，但另一方面，这也是不利的。毕竟，我们都生活在一个并不是一切都可以被我们控制的世界里。

通常情况下，恰恰是那些认为自己特别能干、一切都在掌控之中的人，在遇到他们无法控制的事情时，会变得特别无助和惊慌。

这就是为什么在儿童时期要尽可能多地去体验这些：可能发生一些事情，我们无法独自面对，这时有人来帮助和支持我们，给我们勇气。这加强了我们的信心，相信我们不会独自面对困难，当我们不能独自前进时，可以得到帮助并依靠其他人。

那些能够依靠这种信任资源的人，不会轻易陷入恐惧的无力感之中。如果一个人从幼年开始，不仅培养了足够的自信，而且还可以尽可能坚定地信任他人的支持，那就更好了。由于前者很容易变得脆弱，后者有时会让人失望，所以如果一个人在童年时就能体验到，他不仅可以依靠自己或他人，而且还可以相信他在这个世界上是安全的——可以说是"有家的温暖"，有什么东西在保护他支撑他，一些比他/她自己更大、更有力量的东西也是更可信任的，并且这种可信任的东西随处可见——就会让人有一种信念：无论发生什么，事情会再次"好起来的"。

然而，在一个大多数人认为一切都可以做，一切都可以由他们控制的世界里，这种信任是难以获得的。在这个世界中，你可以为一切事物投保，给它们买保险。在这样的世界里，事物的组织方式是，"确保无意外发生"。在这样的世界里，一切都被计划好，并尽可能完美地执行。在这样的世界里，人们只能寄希望于某个领导人和总规划师——不管他叫什么名字，能控制住一切。

几乎所有的孩子在出生时都将这种基本信任带到了这个世界，他们正在被这个世界"拥抱和保护"。

但是，我们越是让他们相信这个世界上的一切在某种程度上都是可以做到和可以控制的，他们就会越快失去这种能给予他们力量和勇气的美妙感觉。

随着这种基本信任的消失，恐惧就会增长，迫使他们以某种方式用自己的力量和我们的支持在这个世界上找到自己的路。他们怎么才能和我们不同？通过获得技能和知识，他们能够尽可能完美地掌控他们成长的世界。然后，他们也试图完美地掌控一切，控制它。这对他们来说更累，但很难挣脱这个"仓鼠轮"。为了让孩子们能够摆脱这种虚假的安全感，我们必须为他们提供尽可能多的机会，让他们了解：我们无法掌控和控制一切；我们不能简单地根据自己的想法塑造，甚至"生产"世界。

除了在自由的、非人为改造过的大自然中，孩子们还能在哪里体验到这一点？在这里，如果想让鸟儿叽叽喳喳叫或者青蛙呱呱叫，不能依靠按钮；在这里，可以爬一棵不符合人体工程学、没有把手和安全栏杆的树；在这里，可以看到雏菊在草地上各种植物中间茁壮成长，蜜蜂由盛开的樱桃树喂养；在这里，一切生命都是相互关联、相互依存的；在这里，如果想让青草长得更快，就不能揠苗助长。

在这里，在这个生机勃勃的自然花园里，孩子们可以感到安全和家的温暖。在这里，他们可以体验到：人可以发现世界，但却不能制造世界。

在这里，他们还可以培养这种特殊的感激之情：他们是这种生机勃勃的大自然的一部分。在这里，他们可以理解，有些东西是固执的，它们有自己的规则和规律。世间万物自然生长，这样很好。

在这里，他们体验到春天温暖的阳光如何唤醒花朵。当孩子们感觉到，总是有能够产生新生命的东西，他们就可以发展出这种人类对自然一直有的感觉，对于大多数成年人来说，这种感觉只存放在他们语言中心尘土飞扬的杂物间里，那便是谦逊。

与众不同的是，阿尔伯特·史怀哲（Albert Schweitzer）用寥寥数语表达出了，是什么让我们人类能够承担起维护自然环境多样性的责任——是通过我们对生命的敬畏。

这不是恐惧。这有助于儿童和青少年与生活和自然建立联系。敬畏不是恐惧，而是一种特殊的信任。但这种信任不是在我们人类控制的世界中获得的，而是通过把自己交付于这个世界来获得的——风险自负。

Chapter 7

通往大自然之路

我现在让我的孩子上网课,
网课不会那么脏。

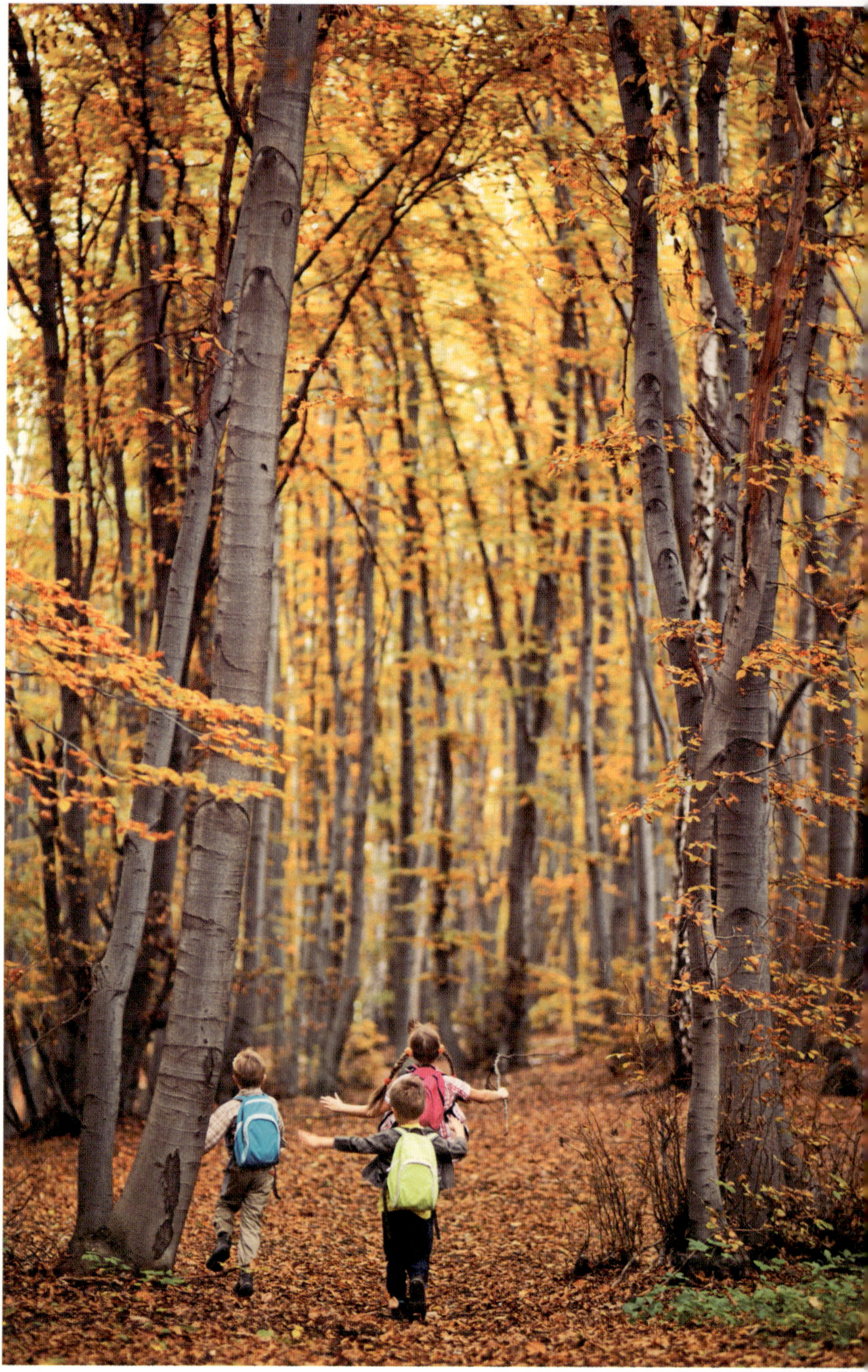

当我们谈到如今经常待在室内的孩子们时,"让他们出去啊!"这句话似乎成了条件反射式的回答。然后好的建议接踵而来。多带他们去散步吧!新的野生动物园据说很好!或者:我们以前……当然,这时建议者的目光聚焦在了孩子的父母身上:他们还在等什么呢?

当然不是在等简单的解决方案和简单的呼吁,因为根本没有简单的解决方案。孩子不是你可以简单地带去散步的狗。他们需要塑造事物的机会,他们需要自由,他们需要——如果这本书所讲内容您只记住了一点——自己的空间。大自然对儿童发展的价值并不仅仅在于大自然本身,还在于儿童如何利用它。只有当儿童获得本书已经谈到的源泉,即直接性、自由、抗挫能力和亲密关系,外面的世界才会变得令其兴奋。

障碍处处在

这时,"让他们出去啊!"这句话就变得有点复杂了。是的,其他可以和他们一起玩的孩子在哪里?他们要么没有出生,要么在做功课,要么在去上课的路上,或者去看治疗师。还有些孩子不被允许一起玩,因为太危险了。

那么大冒险的空间在哪里呢?孩子们喜欢无用的空间。但恰恰是这些地方不符合成年人的概念。于是它们"被改造了"。

甚至在孩子们中间，有些东西也发生了变化。有些人不再有能力真正玩耍。童年的发展动力——通过游戏学习——在他们身上运行不顺利。因为从很小的时候起，他们就不得不带着自己的想法在大人的束缚下行走；或者因为他们在各种关系中没有良好的经验。事实上，儿童之间的游戏要令人满意，需要一些非常特别的东西，发展心理学家称之为"双重策略"[1]。能够进行双重策略游戏的儿童，既能照顾自己，又能照顾集体。他们努力确保规则得到遵守，他们组织游戏的进程，确保游戏的运作。如果儿童在成长过程中很少有机会照顾他人的感受，就不会成为这种双重策略家。难怪自由游戏在那些缺乏各种关系的儿童身上不起作用。于是，教育者就会遇到这样的组群：无指导的游戏会变得过于激进，或者只给少数的儿童带来乐趣。

然而，自由发现和探索在孩子们严格按年龄分组的情况下也不能正常工作。特别是在幼儿园年龄段，如果没有大孩子，小孩子就会陷入真正的困境。大孩子是文化之火的守护者，他们知道规则，他们是桥梁建设者，大部分的双重战略家都在他们中间。

那么今天的大孩子们在哪里呢？往往是在他们自己的"学前班"里：这样他们就能及时地学习他们的数学。

那么，我们应该从哪里开始让孩子们再次接近那些源泉？

道路始于头脑

道路始于两个耳朵之间,那是肯定的,而且是我们这些成年人的两个耳朵之间。如果我们成年人脑子里不清楚这些小家伙的基本发展需求是什么,我们就无法让孩子们自由。我们总是会找到其他更重要的理由来阻挡他们通往源泉的道路。事情的关键无非就是我们对人的形象的构想。人是什么?他的道路是什么?什么是成功?对我们来说,怎样是一个"有教养的"人?在成长过程中什么是最重要的?

秘密的学习计划

是的,在成长过程中什么是最重要的?这正是我们需要停顿一下的地方,因为每一代人对这个问题的回答都不同。然而,所有的父母总是希望能给自己的孩子最好的东西!那么,为什么他们对孩子的教育方式如此不同?

让我们回顾过去的一百年。我们的曾祖父母想要一个听话、适应能力强、"乖巧懂事"的孩子。自我控制、磨炼、秩序和纪律是这些孩子的日常课程。训练从孩子出生后就开始了：让孩子哭是为了加强其性格。哺乳是按照时间进行的，这是内在秩序和后天守时的先决条件。从早期对排泄物的控制开始，甚至让孩子在婴儿期就坐在便盆上几个小时——父母这样做的原因，不仅是希望自己在洗衣房里少加班，最重要的是，他们还希望小家伙能成为"干净的"、受控制的人。出于同样的原因，在青春期，所有恶习中最大的恶习受到了打击：手淫。那些任由性冲动控制自己的人，怎么能控制自己的生活呢！

这在今天看来像是一种非常简单片面的教育方法。只要翻开当时流行的家长日记（我们非常感谢来自康斯坦茨的历史学家米里亚姆·盖布哈特 [Miriam Gebhardt] 对其进行的科学分析），就会发现这种教育方式也是非常残酷的。[2] 曾经有一位母亲以赞赏的态度写下："小安娜早上起床的时候如果哭了，她就会被打。"甚至当孩子无法入睡时，也会受到"责罚"。"你现在哭是对你的惩罚，很快你就会睡着了。"一位母亲在她的小华特劳特的日记中写道。而这种教养方式在当时的父母看来却是正确的。因此，我们遇到了教育中的一个悖论：教育实践随着时间的推移而不断变化，但每个时代的父母都确信自己的教育方式正是为孩子们的生活做准备的正确方式！在阅读父母的日记时（甚至在与自己的父母或祖父母的个人谈话中），我们还发现另外一些事实：即使是在这些今天不值得讨论的方法背后，也绝不是父母缺乏对子女的爱；相反，它们的基础是由专家和学术权威证实了的对儿童的天性和需求的认知[3]。没有任何一种教育方法是以不了解儿童或不喜欢儿童为理由的。

事实上，教育事业始终贯穿着一条主旋律：它是关于文化能力的教学。[4] 人们可以从中看到一个奇妙的系统：一个父母不知道的教育方案，它总是教给人们正确的"东西"——正是根据事情最新的动态，在此时此地的社会中良好运作所需要的东西！毕竟，父母是了解这个世界的，并教育孩子适应这个世界。德意志帝国的教育肯定与今天的教育有所不同，这一点谁会质疑呢！毕竟，那时的大多数孩子一生都必须生活在命令下，无论是在工厂，还是在军队，或者（作为一个女人）在家庭中。因此，那时孩子们的待遇当然就更苛刻一些了。

现在我们知道，那些无意识的，因此可以说是秘密的文化教学方案，不一定是明智的。

错漏百出的预言

事实证明，父母对他们的孩子终有一天会站在什么舞台上的假设可能是完全错误的。例如，在 20 世纪 70 年代，这一代家长和教育工作者突然发现自己无所适从，因为社会的变化超过了他们头脑中的教育方案。在一个越来越倾向于个人主动性、服务和团队合作的经济中，由以前的工业权威主义模式所形成的教育目标在他们面前变得毫无意义。这也难怪两代人之间会突然发生矛盾！至少那时没有孩子会和他的父母一起去听流行音乐会。

而车轮跑得越快，混乱似乎就越不可避免。在 2010 年之前，谁能预料到，整个南欧的年轻一代有一天将不得不在与父母预期完全不同的条件下工作？谁能预料到，他们中的大多数人不必在以前

"正常"的工作中建立成功的生活？但接下来要在哪里建立？怎么样建立？没错，我们不知道。这种不确定性并没有随着新冠疫情的暴发而减少。

还有一些事情也是发人深省的。也就是说，我们教给孩子的东西不仅是传授技能，而且还有副作用（一个社会的组织形式越不"人性化"，副作用就越严重）。这往往只有在车队前进了一段路之后才会变得明显。因此，那些后来出生的人首先注意到，在20世纪之交出生的、接受过纪律和服从训练的孩子们，不仅能在工厂里顺利地工作，而且有的还担任了警卫员。在教育中经受的磨炼也使他们的灵魂变得冷酷无情。这些孩子后来可能"发挥了作用"，但代价是什么？

这直接将我们引向另一个在教育方面我们经常忽视的问题：这样一个秘密的教育方案实际上是如何创建的？谁写的？是谁悄悄告诉父母，这就是教育必须呈现出的样子——绝不能是别的样子？在这里，我们回顾过去的四代人，就会发现一些令人难忘的东西：儿童教育中常见的榜样往往是在实际上与儿童无关的社会领域建立和传播的；人们关注的问题，往往可以总结为权力问题。[5] 将军们对如何抚养年幼的孩子有着清晰的想法。政治家知道母亲的工作是什么。当然，工厂主也是如此。许多父母认为他们在教育子女的过程（被认为是私人和私密的）中处于主导地位。可事实恰恰相反，历史证明了：在有关教育的辩论中，有一些人也参与其中，他们只看到了儿童的未来功能——士兵，东方所谓自由空间的居民，工厂工人或者后来的技术工人，研究员或程序员。有趣的是，这一类人在辩论中说话声音最大，他们所宣传的东西让他们获益最多！

全球化模式

我们目前的教育目标也是期待儿童能获得各种能力。在我们这样的文化中,社会地位主要由收入决定,因此对大多数父母来说,能力与职业前景有关。孩子需要什么才能在全球化市场的舞台上扮演一个好的角色?今天,父母们不再为自己的宝宝能自主如厕或者见到客人主动问好而感到自豪,而是在宝宝说话早从而体现出他的高智商时感到自豪。他们开心不是因为宝宝终于可以正确握住勺子(食指向上,拇指在侧面),而是因为他能"自主"入睡了。如果他在幼儿园年龄就能数到 100,父母会非常自豪:我的孩子有一天会成为社会栋梁。而现在要做的是让他快速学会多门外语。[6]

事实上,与未来最具物质生产力的工作相关联的东西,在今天中产阶级主流的教育议程上占有重要地位,比如说,独立、执行力、认知能力、个人主义(加上团队精神),还有丰富的知识储备。

为了确保社会地位而进行的教育

我们这个时代的秘密教育方案可以追溯到 20 世纪末的全球化繁荣时期。曾经获得辉煌胜利的自由现在越来越被视为作为个人的"市场参与者"的自由。他的自由在于:在一个尽可能不受监管的市场中寻求自己的优势。我们今天对儿童的期望有很大一部分来自这种思维模式。

同时,生物技术,特别是信息处理技术的快速发展给人们带来了巨大的希望：服务型社会正在向知识型社会迈进。有了新的原材料——知识，资本和"人力资源"就可以得到更有效的利用，商品能以更廉价的方式进行生产，服务能以更快的速度得到提供。这是一条通往无限繁荣的康庄大道！

让人惊讶的是，家长和教育工作者这么快就被新的总体规划所征服了。在20世纪70年代和80年代初，幼儿园关注的问题还是：水枪是否可以使用，小家伙们饭菜中的猪肉是否得到了公平的分配，他们是否能够"融入集体"。而那时印制的教育计划则主要关注小家伙们的认知能力。游戏——如果当时还有任何关于它的讨论的话——在那时被视为智力发展的一个分支："智能知识游戏"突然成为书名，比如《游戏使你聪明！》。毕竟，那时有5000家托儿所被认证为"小科学家之家"[7]——这原本是麦肯锡咨询公司的一个基金会的倡议，其当时的老板于尔根·克鲁格（Jürgen Kluge）教授、博士在20世纪90年代认为时机已经到来："教育，也就是人力资本，是创新、增长和繁荣的先决条件。……因此，我们要开始认真对待儿童。我们要开始相信儿童的好奇心和学习的自然意愿。我们要从出生就开始学习，而不仅仅是从小学才开始学习……"[8]

时至今日，"小科学家之家"为小家伙们提供"数学、自然科学或技术项目"，以唤起他们对自然科学现象和技术问题的热情（这样做——至少这是该商业企划的最初表述——"从长远来看，有助于在相应的职业领域中确保下一代年轻科学家的成长"）。同时，该基金会更加注重其"对人类和地球的责任"：促进STEM教育现在也是"可持续发展"的目标服务。因为，"为了共同实现这一目标，

STEM 技能，如探索态度、观察、反思和有关各种关系的知识，是一个重要的前提条件"。此外，绿色技术现在也是他们在政治上继续获得资助的先决条件。

一件让人不开心的事

我的意思不是说幼儿不应该对自然科学感兴趣，而且可以想象，经济利益与儿童的假定利益在某些方面是相一致的。尽管如此，如果我们提倡的对于孩子的教育目标最终被发展为确保社会地位的手段，那么父母可能会感到有些不舒服。对于可持续性的目标，当然还可以提出许多问题。为什么这些项目只提供自然科学而不包括自然体验？因为这不是在大自然中玩耍，不是对源泉的体验，而是为了促进认知能力；有了认知能力，小家伙们才能理解生活的构成。但如果仅仅是在户外，与自然建立联系，享受童年呢？

对教育方案进行测试

这就向我们提出了另一个令人兴奋的问题：为什么新的教育范式几乎只关注认知能力？答案是，新兴的知识型社会需要的正是认知能力。但这种说法并不正确。绝大多数儿童在未来不会从事高度专业化的知识工作，而是在工业和传统服务部门从事普通（也同样重要）的职业，或者说，未来的社会没有木匠和老年人护工能行吗？除此以外，儿童在接受教育的过程中随身携带自己的利益：他们在尽可能广泛地发展其人类潜力方面得到支持，不仅可以将其用于职业生涯,而且还可以保证自己作为父母、伴侣、邻居和公民过上幸福和负责任的生活。我担心的问题是:如果一个教育系统越来越多地宣布认知能力是儿童学习的关键,那么它最终只会给这些领域留下一些面包屑。

这已经很明显了。谁会相信普通中学的学生是因为在手工艺方面有特别的天赋而最终进入普通中学的?他们最终会进入普通高中,是因为他们跟不上注重认知技能的教育体系。他们进入普通高中是因为他们的弱点,而不是因为有人认识到他们的天赋,为了鼓励他们。这是一个系统错误。

这可能也是一种利益冲突。尽管经济中追求国际地位和话语权的部分可能希望有一个教育系统来为它遴选那些受过高等教育的专家,然而一个致力于对其公民负责任的文明社会的利益并不在于选择,而且当然不是按照社会出身(像德国那样)。相反,最重要的不是将公民分成三六九等,而是给予他们平等的机会,使所有儿童都能为生活做好广泛的准备,并参与社会生活的各个方面,当然也包括职业生活。

常见的误区

让我们来谈谈促进早期认知概念的基本假设中的第二个问题。提倡"早教"的人认为幼儿期有特殊的学习能力,越早对幼儿进行数学、语言和科学方面的启蒙,这些能力就越有可能坚持下去,幼儿以后就越能完全掌握这些领域的知识。这种"开放的窗口"的概念很受家长欢迎,可能也解释了为什么"早教"的目标能在社会各阶层如此迅速地流行。

儿童在幼儿期有特别好的、敏感的学习意愿的假设，来自儿童的语言发展。这在一定程度上是对的：幼儿确实可以完美地、不费吹灰之力地掌握一门语言（无论是母语还是外语）！

只有当我们看到这种学习成功的条件时，情况才会变得更加复杂——它们与那些适用于母语习得的条件是一致的，它们与教学模式中的学习没有任何关系。幼儿"学习"外语的条件是：a) 非常频繁和有规律，b) 向一个对幼儿很重要的、付出情感的照顾者学习，c) 在日常的生活环境中（对儿童来说，首先是游戏），d) 有母语的自信。简而言之，与一些"教育专家"此前的假设相反，儿童只能在正常的、可靠的、日常的关系框架内学习外语。儿童利用这个框架进行自我启发、自我组织的学习——名副其实的自我学习。因此，希望儿童通过幼儿园的晨读活动就能走上英语或法语的学习之路，很可惜这是行不通的，也没有得到任何一项科学研究的证实。[9]

欧洲日托中心的系统比较也表明，"早教"绝不会带来更好的结果。[10] 法国人的孩子最早开始劳作，芬兰人的孩子最迟开始劳作，这种比较甚至不需要评论。很可能，法国孩子不太会随意扔蛋糕，但他们肯定不是更聪明、受教育程度更高或职业生涯更成功的人。简而言之，人们试图在日托中心开始招募参加全球化竞争的战斗旅时，就已经忘记了，孩子们实际上是如何学习的。[11]

基础的首要地位

如果我们对早教的教育方案进行文化测试，就会发现它并不适合儿童，也不适合我们社会面临的挑战。它可能使个别儿童在竞争体系中获得优势，但代价是什么？在我们今天生活的这个世界上，如果没有基础，教育就无法发挥作用，教育必须始终是人类塑造的一部分。仅仅着眼于儿童未来的功能是不够的——无论是在经济生活中，还是在其他方面。

我想在这里提出一种不同的方法。在治疗和帮助与预期利益挂钩之前，它曾经指导过医学——首要之务便是不可伤害（Primum non nocere），教育的首要之务也应该是不伤害儿童。

通过这种方法，我们回到了孩子们的最初样子，而不是我们根据当下的利益来臆想他们。我们清楚地知道儿童的健康发展需要什么。我们知道，他们需要一个坚实的基础来获得快乐、创造力和强大的内心。我们知道，他们需要这个基础来维持"我"和"我们"之间的平衡，而人类的互动一直建立在这个平衡的基础之上。而且我们知道，这种基础的形成与专业的形成绝不矛盾。恰恰相反，空中的翱翔——无论是认知的、创造性的、精神的，还是任何其他类型的——得益于安全的基础，而且它们的结局不太可能是坠落。因此，与其用这样一个秘密的教育方案来填满孩子们的童年——我们既不知道它是否真的适合未来的挑战，也不知道它会给我们的孩子带来什么样的代价，还不如让童年恢复它的本来面目，让孩子能够从下往上成长。

重新思考托儿所

我们如何才能向前迈进？让我们从托儿所和幼儿园开始。许多托儿所和幼儿园仍然保留着在全球化时代时被打上的烙印。他们按照一种超前原则工作：早点学习数字，早点促进阅读和写作技能，早点启发对自然科学的理解；定期和密集地记录、评估、比较儿童所获得的能力，准确描绘儿童的发展状况，并检查其可能存在的差距；然后让相应的专家来填补这些差距：语言治疗、职能治疗、心理治疗。

到了今天，这种理念吞噬了大量的资源。现在有不少教育工作者对于狂热地创建文档表、教育投资以及缥缈的空中楼阁的时代只能苦笑，他们甚至都没有时间陪孩子上厕所。然而，今天，其他地方也露出了马脚。因为，一方面孩子们没有因为从小就学数学而更容易成为数学家；另一方面，德国教育体系的主要问题也没有改变：学校的成功与其说取决于教育机构设置，不如说取决于社会背景。但与此同时，在入学面试考察时无法完成单腿跳跃的学童人数在持续增加。[12] 今天，几乎没有哪个知名的儿童教育或发展专家不批判性地质疑"早期教育"的概念。尽管如此，这一概念仍然成立。这一事实再次表明，谁才是真正为教育政策定基调的人。

由于恐惧产生的趋势会继续传播恐惧。当德国一个小镇的市议会会议讨论托儿所的提议时，一位母亲说，她带她两岁的孩子去托儿所是因为她不相信自己能"教育"他。父母不再敢教两岁的孩子，这是为什么？[13] 好吧，那就祝他未来开心快乐吧！

对未来充满期待，而不是宿命论

但至少，讨论是公开的。正如这句"万岁，全球化！"不再像20年前那样顺利地从我们嘴里说出来一样，教育学也做了很多事情。父母们越来越有选择权，他们可以并且应该对那些应该教孩子们为他们的生活做好准备的机构有所*期待*，不，应该对它们提出要求：

- 他们可以期待一些理念，能够超越将学校学习提前的理念。今天，在社会的其他领域，例如医学领域，不太可能提供在这个专业领域有争议的治疗方法。
- 他们可以期待教育工作者意识到游戏、自由设计的环境探索以及体验自然对儿童发展的重要性。这些内容在教育学中早就不是秘密了，现在需要的是实施。
- 由于儿童自我组织游戏的价值是当今教育学基础知识的一部分，因此必须为自己辩护的不是允许儿童自由玩耍的教育工作者，而是那些不允许儿童自由玩耍的教育者。
- 家长们也可以期待开诚布公。幼儿园和托儿所如果不能在其教学理念或建筑理念中设计自然体验和自由探索，那么应向家长明确说明这一点。然后，家长们可能会介入并组织适当的游戏场所。
- 如果是由于工作人员的原因，不能提供户外活动，这应该告知家长。这比谈论模糊的"早期开发计划"更实际，这些计划都有一个共同点：它们都是在室内进行的，不会像一起在户外进行探索发现那样需要很多工作人员。也许有人会愿意帮助幼儿园组织集体远足。或者有人会有很好的想法，例如与小学合作，让小学生们有机会在托儿所帮忙。对小学生们来说，这样的项目将比学校许多其他"教育"项目更有意义。
- 也许托儿所认为这一切都很好，但是这样一来哪里还有时间练习使用铅笔、剪刀和纸……是的，那么是时候看看德国的森林幼儿园了。无论如何，在迄今为止对这一概念的科学评估中，没有研究人员发现森林幼儿园里的孩子们有任何精细运动方面的缺陷。

孩子们能早点学会写字，这很好，但是他们首先需要的是情感上的字母表。

让我们仔细研究一下

事实恰恰相反。如果对"自然日托中心"和普通日托中心进行比较，就会发现：尽管这种比较在方法上总是存在不确定性，但"自然日托中心"中的孩子们能更好地集中注意力，更少生病，在大动作和精细动作技能方面都更发达。[14] 毕竟，当他们在外面的小溪边建造玩具木筏或水磨时，也是在做手工啊。

说到精细动作技能，我们不应该忘记，"手工艺幼儿园"的理想产生的原因是：孩子们在户外的时间非常多，而且家里能用的材料很少。如果说今天的孩子缺少什么，那肯定不是剪纸或使用剪刀、叉子的经验，而是与自然元素以及其他孩子接触的经验。

值得仔细研究一下，在日托中心的教学理念中，哪些地方仍然存在着旧观念。今天，当许多儿童不再有兄弟姐妹，当他们不再能简单地在外面的街道上见面时，其他问题比 20 世纪 70 年代更重要，当时许多儿童光是在去托儿所的路上所做的运动已经比现在儿童一整天的都多。如何促进儿童的自我组织？自由游戏如何才能更好地成功？如何支持儿童成为双重战略家，即使是在他们的家庭关系可能并不太好的情况下？（我们曾在前文谈到过双重策略这个词）。

各种关系的首要地位

各种关系，这不是您在本书中第一次读到这一点：儿童（不仅仅是儿童！）社会化的瓶颈是各种关系。这也适用于学习。如果没有能给人带来安全感的关系，儿童就会忙于应对各种压力，在成长的道路上艰难前行。那么，如何才能在托儿所形成有效的关系？是什么支持教育者这种最重要的技能：他们的关系能力？如何才能促进成人和儿童之间的亲密互动？事情的关键就*在于此*，而不在于方法、方案或最新的学习技术。

要更极端地看待这个问题。如果我们环顾社会，对许多儿童来说，他们可以获得基本生活技能的领域不再是在家庭。儿童在哪里学习与他人相处？他们在哪里学习如何做饭？他们在哪里能学到：如果人们互相尊重，如果每个人都被认真对待，这样对每个人都有好处？如果他们不在教育机构中学习，那么往往就无处可学。任何幼儿园都不能回避这种新的教育方案。这是关于基础的问题，基础是拥有优先权的。

行不通

换句话说，大自然有更丰富的关系，更多的自由空间，更多相互学习的机会——向比自己大的和比自己小的孩子学习，更多的游戏和由自己掌控方向的探索。但如何做到这一切呢？没有旧思维的托儿所是什么样子的？

会相当不同，这是 20~30 年前一些倡议的答案。把拖挂车厢放在森林里，除此之外没有其他东西了。哦，还有橡胶鞋和保暖衣服。森林幼儿园的想法诞生了。

"这可行不通！"这是许多家长的回答，也是许多教育工作者的回答。今天，我们知道，它确实行得通，而且特别好！甚至连睡觉也没问题：午睡的时候把睡袋拿出来，高兴地露天躺着。

就像有些父母认为孩子们会因为着凉而感冒一样，另一些父母则坚定地认为这会让他们拥有强大的免疫系统。正如我所说，通往户外的钥匙在两耳之间。在这里，需要再次强调的是，"自然"教育法的关键与核心不仅仅与外面的大自然有关，而且儿童必须得到他们自己的自由空间、自我组织的游戏。这个空间不是为了向父母炫耀，不是为学校做准备，不是为了不断地观察和记录，不是为了今天已经习以为常的所有教育学上花里胡哨的研究；它是关于用心建立和维护的各种关系，关于儿童的思想世界。顺便说一下，所有儿童早期教育中的方法绝不是新出现的、革命性的，瑞士的游戏小组传统和奥地利的儿童小组传统可以证实这一点。[15] 越来越多针对教育工作者的文献资料表明，自然教育对年幼的孩子们来说也是可以非常有趣的。[16]

甚至小学的老师们也感到惊讶：来自森林幼儿园、游戏小组、儿童小组的孩子并不野蛮。他们的社交能力更强，更有创造力，而且他们学习算术的速度和其他孩子一样快！今天，德国的每个日托机构的负责人和每个家长都有理由更好地了解这些理念。即使是在城市里，自然也不完全是隐藏在各个角落里的！

大城市的森林幼儿园？行不通——答案也是这样的。事实上许多成功的案例已经展示了它们是如何做到的：使用休耕地、公园。例如，柏林有2500个公共绿地和休闲区，其中大部分归城市所有。为什么附近的幼儿园不能在早上用手推车"搬家"进来？瑞典日托中心立即将这个想法投入运转：它们门前有一辆改装过的公共汽车，上面有厕所、睡眠场所和小厨房，然后整个托儿所的人早上就可以直接坐车进入森林，或者去海边。

但是，让我们回到德国的大城市。许多位于城市郊区的农场，由于缺乏空间，在农业产业竞争中早就消失了。今天这里建立了一个幼儿园——这些机构的名字叫农场幼儿园[17]。孩子们在那里生活和玩耍，可以说是生活在动物中，每天接触的是花园、谷仓和田野的日常工作。孩子们也有自己的任务，例如，把鸡从鸡笼里放出来，收集鸡蛋，或者帮助喂养动物。

当我们的头脑自由时，我们能做的事情比我们想象的要多。

"很久以前，有一些房子，里面的小孩子由受过训练的人照顾。他们和孩子们一起玩耍、唱歌、庆祝……小家伙们有时间尝试所有这些活动,并且能够……生根发芽。因为年轻的植物也是如此,这些房子被命名为幼儿园。

但后来……突然间,幼儿园周围的大人觉得这样太慢了……他们开始给孩子们施肥:早期数学教育、早期音乐教育、英语课程。小植物生长得更快了。但他们的根部变得更短了……小植物变得更容易受到干扰和疾病的影响……而幼儿园这个词呢?……也许应该换个说法,把它(房子)称为温室。"

班贝格《法兰克日报》2005年1月6日刊登的一封来自丽塔·绍尔的读者来信

重新思考学校

"行不通",大约一百年前,在社会改革运动中,人们对当时的补习班和训练学校的批评声越来越响亮。学生如何走向户外?如何通过自己的观察学会理解世界?如何体验自我行为?如何通过行动变得成熟?

十多年后,当各种各样的学校在德国南部的一次会议上惊奇地发现都做了大致相同的事情时,它是如何运作的就十分清楚了:建立或租赁远足之家,把班级的孩子都带到那里待上几天,做饭、运动、观察自然,最重要的是,远足。有些人称之为学校乡村之家,有些人称之为乡村学校之家,还有一些人称之为森林之家。这些设施今天仍有一个共同点,它们为孩子们提供了确保可以牢记的经验。

在学校的夏令营中，没有一个孩子学到过毕达哥拉斯定理或教学计划上的其他东西。然而，在20世纪上半叶，教师们相信，他们应该为这些户外活动的日子送上一点"东西"：生活的远见卓识。

今天我们又需要这样新的开端。对绝大多数儿童来说，自然本来就已经变得更加遥远了，而新冠疫情反更加剧了这种趋势。在"非正式"儿童团体中的经验（即孩子们自己主动聚在一起玩耍，即使是在上学的路上也算）也几乎枯竭了，因此，在学校乡村之家的时间很容易成为一种孤岛经验，对日常生活没有持久的促进作用。顺便说一下，这也适用于许多学校的"自然项目"。操场上种满了绿色植物，这是件好事！但学校内部的教育理念却离自然越来越远，越来越远……

然而，在其他地方，各种思想正在蓬勃发展。大家建立了学校花园，在"行动教育学"[18]的框架内与农场建立长期稳定的合作。其他学校正在重新组织他们的资源，以创造一种全新的对待学习、人才和个性的方式。而其中许多学校经常因此获得德国最佳学校奖。

事实上，如果我们摇晃和拔动这棵由许多项目和实验组成的大树，就会出现难以置信的可能性，即更多的自我决定、自我组织的学习。这些可能性在今天显得更加重要，因为只有当教育概念的基础更加广泛，不仅面向"学生"，而且面向"儿童"时，才能使全日制学校的发展趋势对儿童更加友好。

让我们把果实放在一起，让芬芳的气息激励我们创造一个梦想。然后，就会有一所学校……

……在这所学校中，孩子们的个性也特别受到关注。学校的主要科目是"责任"或"挑战"，例如由整个班级从零开始策划一个项目，像是音乐节、自行车之旅（包括所有与此相关的事务）、餐饮服务（包括算账）等。

……在这所学校中，孩子们的声音得到倾听，因为他们的声音很重要。例如，在早上的学校集会上。顺便说一下，学校集会上也可以唱歌，每个人都可以赞美另一个人，因为赞美是有益的。

……在这所学校中，头脑和身体放在是一起考虑的。例如，可以通过学生组织的迪斯科舞厅来摆脱早晨的疲惫。

……在这所学校中，还教授木工和其他实用技能，包括如何处理日常生活中的烦恼，从往来账目到缝制纽扣、修补自行车轮胎到手机数据安全……

……在这所学校中，保留着一个前哨：一个永久性的、自我管理的学校乡村之家，可以说是现实生活中的平行学校！这里有一个厨房（由孩子们负责），兼顾环境保护（由孩子们负责）、修理树屋（大家猜猜是由谁负责？）、园艺工作，还可以为游客提供有机食物。而一切都由某些年级自己负责管理和维护。

……在这所学校中，家长也会感到十分舒适，并在学校的设计、课程和项目中贡献他们的特殊才能。

……还有就是，学生们自己上学。他们从普通学校退学，自己组织准备参加高中考试。为此，他们租用教室，互相教学，并在需要专业人员的时候聘请教师。[19]

正如我所说,这样的学校已经存在,设计多样化,侧重点也多样化。这些学校有些是私立学校,有些是公立的普通学校。相当多的学校还以其独特的理念赢得了奖项,例如著名的德国最佳学校奖[20]。但所有这些学校的背后都有某种开创性精神。充满激情的教师,服务于孩子们,而不仅仅是为了学校。如果没有这种精神,不管投入多少资金,学校都不会成功。

关于这些学校的详细信息,可以在书上或在互联网上找到,[21]读者可以去了解一下。

情况不太好

哦,对了,然后我想介绍一下蒙蒂,不是银行家,不是政治家,而是一只狗——奥格斯堡圣乔治学校的一只伴读犬。它的任务很简单,听着就行,例如,当小学生们大声朗读时。伴读犬与陪伴儿童读书的人不同,它不会给那些不太喜欢读书的孩子带来压力。有了伴读犬的陪伴,孩子们很少会说话语无伦次,读起书来也更有乐趣,因此学习、阅读的速度也变得更快。而当经过专门训练的伴读犬或学习辅助犬出现在课堂上时,还有一些情况也会变得不同了:孩子们更加专心,因为他们现在也会考虑到狗的需求。孩子们会不会大声吵闹?他们知道,狗狗听觉非常敏感,噪声对于狗狗来说是很痛苦的。[22]

但现在更悲哀的是,与广大的普通学校相比,所有这些项目都是孤立的案例。受到高度赞扬，却又属于少数。而这可能与本章开头描述的秘密教育方案有关，它的工作方向完全不同。与更广泛、更自由、更自主的教育相比，让赞助商和基金会对教室的技术升级感兴趣当然更容易。

对儿童的自我组织持开放态度的教育，为了建立这样的教育，我们也必须为之努力。否则，我们就会忽视人类童年最显著的特征之一，即儿童在其发展过程中会变得越来越多*样化*。毕竟，儿童发展的目的正是为了让每个儿童形成自己的个性（从进化的角度来看，这不啻是复杂文化集体成就的催化剂，也是试图以蚂蚁的方式组织人类团体经常会失败的原因）。[23]

因此，教育必须始终以儿童自身的成就、才能和先决条件为基础。如果儿童有发言权并能帮助制定方案，那么这一举措就是方案的一部分。用一个标准来"修剪"儿童，或用一把尺子来衡量他们，将意味着让他们不断去面对自己的弱点。

所以，归根结底，学校教育与我们对童年的理解有关。我们必须向学校提出问题，幸运的是，许多教师每天都在这样做：学校是否为儿童的自我组织提供了足够的空间？他们是否邀请儿童参与创建并承担责任，还是只是延续了基于成绩的选拔和按照同一标准竞争的旧制度？如果我们观察一下教师培训，就会严重怀疑：教师培训的很多内容都是如何以某种方式把"教学资料"变戏法似的从抽屉里塞进小家伙们的脑子里。而关于孩子们以及他们如何真正建立自己的强项的内容却很少，关于各种关系的内容就更少了。这个系统是否能跟上世界的发展速度是值得怀疑的，因为它在我们眼前发生了变化，并呼唤着价值观的改变。

这就是为什么我们父母花时间寻找新方法是值得的。它们存在于公立学校，也存在于私立学校，甚至也在那些自己组织孩子学习的家庭中。

安排日常生活

我们可以从一个完全不同的角度来看待它。突然间，一个新的物种被列入了濒危物种红色名录。描述如下：它用两条腿走路，不喜欢蔬菜但喜欢巧克力，没有皮毛——这就是为什么你能在它身体的中间部位看到这个可爱的肚脐眼。必须为这种濒临灭绝的物种找到一个受保护的栖息地，就像狼、河狸或原仓鼠一样。很明显，人类幼崽必须被置于自然保护之下！必须通过法令让他获得户外游戏空间，他需要这样的空间来茁壮成长！

劳芬市是多年前最早遵循这种方法的城市之一，在扎贝尔河生态修复过程中为人类幼崽指定了一片区域，供他们玩耍。这种喜悦一直持续到有人突然想起来，其他濒危物种也生活在这个自然保护区，它们有优先权，因为相比较，人类幼崽还没有和河狸等动物一起列入官方红色名录。

虽然这个方法在扎贝尔河流域没有得到真正的成功，但现在有数以百计，不，数以千计的项目、倡议团体和协会来照顾这些小小世界探险家。童子军聚会，废弃的足球场由市民重新播种草籽，并配备了球门。像 BUND（德国环境与自然保护联盟）这样的环保组织梦想着建造一个"可以玩的城市"，并在一些地方创造了非常棒的开放空间（如不来梅的儿童野外体验区[24]，最近还有图宾根的儿童野外体验区）。在一些城市，公共花园正在蓬勃发展，孩子们是公共花园受欢迎的小园丁和虫虫保护使者。[25] 成千上万的人经常带着自己的孩子一起在这里寻宝，称这里为地理宝藏。

然后是一个伟大的新想法——微冒险，但它是以小步的方式实现的。是的，没错，这种形式尤其是针对家庭的。这个想法其实很简单：如果你有孩子，把攀登和穿越大西洋的宏伟活动暂时搁置。这是否意味着关闭了通往自然之门，不再进行冒险？一点也不。冒险只是等待我们发现，在细微处。阅读年轻父母户外活动的经验是多么令人陶醉（例如，在雅娜·海克和帕特里克·海克的《溜掉了！与孩子们的微冒险》一书）。仅仅是在浏览器搜索"微冒险"一词，就可以了解到这个新型活动了。

其实没那么容易。现在的自行车道要比以往任何时候都多，许多危险的道路在家长的施压下被改造成游戏区域。一些父母厌倦了由专业宴会承办商和娱乐中心举办的有组织的儿童生日派对，就带着孩子们去城市中的森林里，在推车后面野餐，然后玩耍。

如果这对你来说太过随性，你也可以从一些地方的探险教育家那里得到支持。[26] 或者你可以用这样的思想武装自己：游戏和发现对儿童来说蕴藏着无穷的力量。[27] 是的，现在有一些家长定期带孩子去城市中的森林。在一些城市，自然保护团体甚至在所谓的森林俱乐部提供照顾儿童的服务！[28] 或者大人小孩一起去野营搭帐篷，或者骑自行车去旅游，或者露营点篝火。[29] 志同道合的家长们一起行动，世界就会运转起来。这在每天早上就已经开始了，例如，通过"有腿的公交车"[30]，孩子们结伴步行去幼儿园，而不是被车载到那里。孩子们在步行去幼儿园的路上真的会像公交车一样在某些站点停下来接上其他孩子,再一起继续步行去幼儿园。

科学也参与其中,例如,在城市中如何建立自然体验空间的问题上[31],增加尽可能自然的开放空间,让儿童在其中发现和玩耍。或者,或者,或者……

我并不喜欢列表。因为我们缺的不是想法,而是缺乏自由空间来实施它们。而且因为我们的脑子里还有很多其他的目标。我们必须把荒野利用起来,我们必须学会放手。然后突然间,日常生活中的许多小步骤出现了,它们对每个人来说都有点不同。

哪种自然？

在谈论进入自然的路径时，我们可以注意到有些路径虽然通向自然，但却基本上绕过了"源泉"。怎么说呢？我们已经看到了这样的现象：如果我们看一下幼儿园的定位方案或学校的教学计划，它们充满了"自然"，但通常是关于自然科学、理解自然和观察自然的。

这不是一个错误的方法！只是我们应该清楚，讨论"自然现象"与体验自然没有任何关系。你可以知道一棵树是如何生长的，但这并不意味着你可以从中感受到一棵树在从树苗长成大树的过程中所展现出来的美和力量。

这也适用于自然保护。当然，让孩子们对它感兴趣是很好的，但这与自然作为一个体验空间的初衷毫无关系。是的，有时我们的关注和想法最终会远远超出"源泉"，那么大自然对于那些关注自然的孩子来说就不是直接的、可感知的、自己的，而是变成了抽象的东西：外面值得保护的伟大的东西，是绿色和平组织所代表的东西。如果孩子们不能建立自己与自然的关系，不能体验到自然的价值，就不会产生保护的本能。再说一遍，我不想被误解：我们需要环保活动家。而且，如果少年儿童为保护热带雨林而拼命工作，也是可以的。但这些都是项目、想法、概念。只有当我们真正置身于大自然中，亲自体验时，源泉本身才会真正涌现。我们会从中汲取力量，变成以保护为前提的行动。

这同样适用于自然教育、荒野教育和环境教育提供的许多非常棒的体验，为儿童、教师或父母建立了通往自然的桥梁，而他们往往很少亲自接触自然世界。在这里，孩子们获益最多，如果他们能够自己变得活跃起来并感受到大自然为他们提供的东西的话——并不是每条"自然小径"或"感官课程"都符合这一标准。这正是成功的自然教育或荒野教育的特征：孩子们被给予了一个由思想、榜样、故事组成的框架，随后他们自己爬上去。没有自由的自然是行不通的。如果孩子能在那里成为孩子，享受大自然的馈赠，大自然就会向他敞开心扉了。如果他还是未来的学生、研究人员或律师，那么大自然就不会向他敞开心扉。[32]

对大自然的欣赏可能是自然界中偶然的、成功的经验的结果。因此，对大自然的体验似乎抗拒变成目的本身。大自然是儿童的一种基本发展冲动，很简单，就是这样，不需要一个教育学的借口，甚至不需要拯救世界的目标。

思维之窗：正念

"*凡有的*，还要加给*他*"是人们经常引用的一句话。在我们当今由经济思维模式决定的世界里，它很容易与物质财富联系起来。而且，它为这样一个事实辩护，即所有已经非常富有的人特别容易变得更富有，贫富差距不可避免地扩大。为了更多地利用你已经拥有的资产，你所需要的只是一点警觉的头脑和一手好牌，即一些技能，其他一切都自然而然地落到你手里了。但这句话也可能意味着完全不同的东西。因为除了所有这些对今天许多人如此重要的物质财富之外，还有一种完全不同的财富，即一个人的能力：他知道什么，他能做什么，他能够看到和理解什么，以及他能够如何塑造自己的生活和人际关系。所以这与技能和技巧、能力、一个人在他的一生中获得的知识和经验有关。从神经生物学的角度来看，这是与一个人在其一生中能够在大脑中形成的神经元网络的范围和复杂性有关，与神经元的连通性有关。

如果你是主要靠使用信用卡来生存的人，你就不太需要它们；如果你是一个等待下一个优惠的被动消费者，你就不需要它们；如果你是一个乖巧的履行义务的人，总是等待别人告诉你该怎么做，那么你也不需要它们。但是如果你想做或者想成为自己生活的合格设计师，那么你的大脑绝对需要尽可能多的连通性和尽可能复杂的网络。

除了必须要做的，大脑不会做更多的事情。这种复杂的网络结构并不是自己形成的。为了形成这种网络结构，一个人必须成长、生活在一个这样的世界中：他必须一次又一次地调整自己的思想、感受和行动，以适应随时出现的挑战；他无法通过一些通常在童年早期获得的应对策略来处理余生遇到的问题，他一次又一次地使用它们，以同样的方式处理生活中的问题，塑造他的各种关系。这个过程如此漫长和成功，直到这些思维和行为模式所基于的神经连接被如此强烈地铺平和巩固，以至于它们像高速公路一样运作。他可以在一段时间内在这条高速公路上取得很大的进步，但前提是一切都保持原样。当这种生活环境或以前的条件开始发生变化时，他通常很难从这几条高速公路上下来。如果他接连错过几个高速公路出口，那他就必须像以前一样永远在这条路上继续走下去。因为他没有其他选择的余地，因为他大脑中的连通性太差了。

这种能力的不足通常要付出非常高的代价。恐惧、不安全感、无能为力和无助是不可避免的后果。强迫症、狭隘和刚愎自用通常成为这些人最后的救生筏。缺乏灵活性、创造力和创造欲望很容易使他们成为环境的受害者，并且由于他们不断地抱怨，会让其他人十分反感。因此，大脑中发育不良的连接性对于幸福的生活来说并不那么有利。

因此，值得思考的是，儿童和后来的成年人应该有什么样的经历，才能使他们大脑中神经元网络的范围和强度尽可能复杂地发展。

答案很简单，它们应该是尽可能复杂的经验。问题是，你如何制造它们，最重要的是，你如何在这样的世界中制造尽可能复杂的体验？在这个世界上，关键在于你如何掌控一切；在这个世界上，那些进步最快、最成功的人似乎是那些适应能力最强的人，那些按要求做的人。

对此还有一个非常简单的答案，那就是从一开始就学会仔细观察，精确感知并仔细处理一切。

正念就是那个秘密武器，它可以保护人们不在大脑中建立这样的高速公路，不必一生都戴着眼罩走来走去。正念是肤浅的对立面，在肤浅那里你不注意任何东西，不关心任何东西。

但正念也不同于集中注意力。集中注意力的人追求一个特定的目标并朝着一个确定的结果努力。正念状态的特点是，你对周围发生的一切都持开放态度，你没有任何具体的想法，因此你所有的感官都同时被设置为接收状态。只有这样，你才能感知到平时容易被忽视的东西。平时如果你只注意到那些与你正在做的或正在想的事情有关的东西，你就感觉不到、闻不到或感受不到某些东西。对于那些保持正念的人来说，世界比那些只关注正在做的或正在想的事情有关的东西的人更丰富，世界也更加多元化，更加丰富多彩，会有更多的东西到达大脑。在那里，在大脑的多模态联想区域，更多的这种复杂的"输入"可以连接在一起。因此，正念也是人脑中形成最复杂的关系模式的先决条件。拥有正念的人会从他们生活的世界中获得更多。

而那些从小就学会用正念在世界中活动的人，从一开始就在大脑中形成了更丰富的连接，并能以更多样化的方式将新的感知与已经固定的感官体验联系起来。

这样的人必然能体验到更丰富、更刺激、更有安全感的世界，因此，他也会学到更多，对更多感兴趣。很可能这就是"凡有的，还要加给他"这句话想要提醒我们的，它提醒了每个成年人内心深处都知道的事情。

因为在生命之初，我们正是在这种正念状态下开始了我们的旅程。那时，我们还不知道生活中什么是重要的，因此我们必须特别注意什么。那时候，一切都很重要，我们仍然关注一切，关注我们周围发生的一切。否则，我们在生命的最初几年就无法学到这么多东西；否则，作为四岁的孩子，我们不可能像发展心理学家现在计算的那样，每天问超过四百个问题。因此，正念不是我们必须由成年人教导的事情。我们来到这个世界的时候已经拥有正念。只是在之后的生活中，某人或某事剥夺了我们的正念。不知何故，在我们成长的世界和陪伴我们的人们中，它已经失去了。有些人失去得特别快，有些人则稍慢一些。

如果我们看看周围的朋友和熟人，我们会发现有些人保留了这种原始的心态。有一些人可能在生活之路上失去了它，但偶然间又找到了它，并把它发展成一种有意识的内在态度和姿态。对有些人来说，正念就像俗话说的那样，是"徒劳的"。这些人通常是那些在我们的世界中能过得特别成功的人，他们往往戴着护目镜和护肘。他们通常不是那些知道很多、会很多的人，不是那些以特别谨慎和有远见的方式在这个世界上行动的人，不是那些对许多不同的事情感兴趣，对新的经验持开放的态度，甚至特别快乐的人。

如果你想帮助你的孩子，让他在以后的生活中不成为这群失去正念的同龄人中的一员，你就应该尽量经常给他们提供机会，让他们体会到这种心态是一种令人满意的、能让生活变得更加丰富、能提高生活质量的体验。

当然，这在电视或电脑前是不可能的。孩子们实际上会被这些数字媒体吸引了全部注意力。坐在显示器前，他们很难注意到周围发生的事情。

就算我们把他们送到哪里去学习，例如早教或去学校，也是行不通的。他们在那里无法正念，他们必须专心致志，专注于课堂上发生的事情。

在家里或在家庭圈子里，它会起作用，但前提是所有成员都要非常小心和谨慎地对待对方。而在同龄人的圈子里，在同侪团体中，它通常也不起作用，因为在那些地方培养的是另外的能力。在我们城市的喧嚣中，在足球或其他活动的喧嚣中，正念也不会让你得到任何好处。那么，我们在哪里还能找到一个让青少年体验的空间，邀请、鼓励和激发他们的心智，让他们认真地参与其中，去发现和创造呢？

你猜对了！在森林里，在花园或公园里，在小溪或小池塘边，在鲜花盛开的草地上，甚至在阳台上。在任何有生命的地方，生命在此尽情绽放；在自由的大自然中，没有被我们因特定目的使用和修剪。在那里，你无法停止惊叹，到处都有新的东西可以发现；在那里，世界不是我们成年人为孩子们创造的，而是自顾美丽，这是它自然的状态。

Chapter 8

在一个受到威胁的世界中寻找自然经验
——我们能从新冠疫情中学到什么

> 激励儿童的东西很简单,
> 就是他们人生初期发展中成功的那些人性的基本要素。
> ……儿童的快乐是成功的发展,
> 从人格的内部来体验。
>
> ——安德烈斯·韦伯[1]

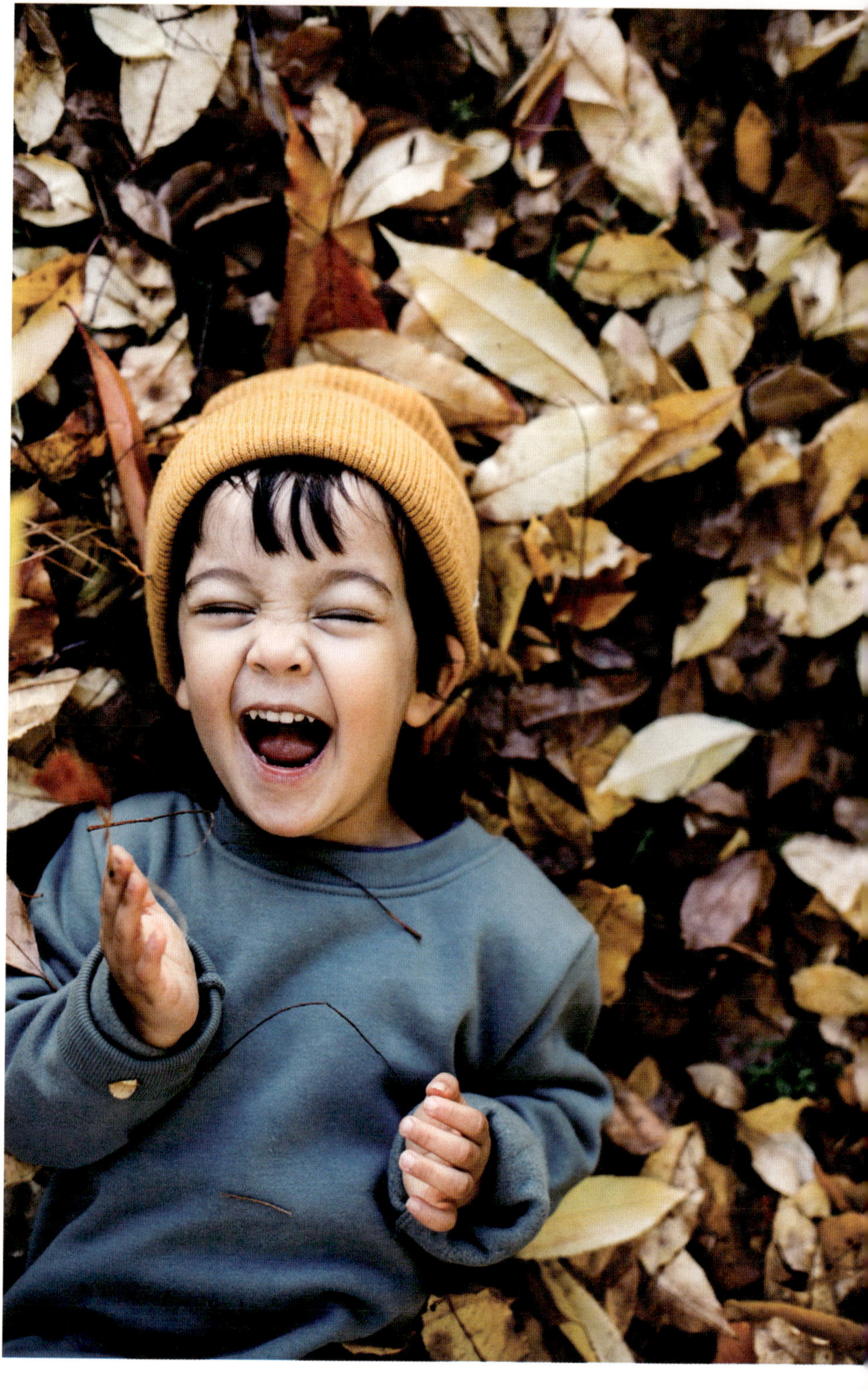

Chapter 8　在一个受到威胁的世界中寻找自然经验
——我们能从新冠疫情中学到什么

有些人在阅读时可能会有疑问。

在这本关于儿童自然体验的书中，我们没有直接长时间地谈论大自然。相反，我们谈了很多关于儿童发展的内容，关于儿童的内心生活，关于他们成为人的方式。

而当谈到大自然时，它不仅与外面的世界有关，不仅与森林、绿色植物或露天的景观有关，我们还特别关注非结构化环境中的体验，这包括洛特阿姨家的阁楼、邻居的车库或车站前院的滑板U形池。

然后我们探讨了每个主题，包括社会、政治。我们浏览了幼儿园和学校的教学计划，我们甚至研究了人类的历史。自然，似乎与整体有关。

生活的素材

如果我们观察儿童如何成长，如何获得抗挫折能力，如何拥有成功生活的能力，那么我们会发现：人类儿童在他们的发展中致力于走一条奇怪的道路。是的，他们需要父母（非常需要！），需要帮助（非常多！），需要关注、保护和指导。他们需要一个支持性的框架。

但是在他们发展的这个萌芽区，孩子们自己是负责人。他们从一开始就参与塑造自己的各种关系，从自己的内心出发去探索外部环境，在同龄人组成的群体中组织自己的生活。

因此，支持不是指由成年人组织的被动过程，而是说最基本的生活材料必须由孩子自己挖掘出来。"支持"（Förderung）这个德语词的另一个意思是：深入地下，并将一些东西——宝藏、矿石、黄金或者生活的素材带到地面。这样的事情不适合教学，没有人能教孩子善解人意，没有人可以教孩子变得具有社会能力、抗挫折能力或自力更生。这些宝物必须由孩子自己去挖掘。孩子需要自由，去寻找自己，去塑造自己，去犯错和失败，去承担风险，去冒险，去争吵与和解，去面对生活中的各种情感，去幸福和悲伤。孩子必须测试自己的抗挫折能力，才能感受到自己的力量并建立自己的支柱。他能够拥有基本的经验，以便将他的感官、身体和思想结合在一起。他们必须能够感受到关怀和关联，才能有家的安全感，才能体会到世界是一个安全的地方。

我们把这些称为发展的源泉，它们有一个共同点：儿童在非结构化环境中以自我组织的方式进行游戏和发现时都会遇到它们。这些就是我们所说的自然界的经验。难怪，孩子们会寻找这种体验空间，用身体和心灵的每一根纤维来争取它。

没有讨价还价的余地

而这种发展空间是名副其实地没得商量，这一点在新冠疫情中得到了令人印象深刻的证明。儿童的各项活动被迫局限在室内，他们在各方面的发展都受到了影响。研究和入学考试显示，孩子的灵活性普遍下降，体重增加，变得更加焦虑，越来越没有自信心。当然，孩子们在这里也受到不同程度的影响，而那些手中的牌本来就已经很差的孩子在这项发展中受到的影响更大。尽管如此，这一发现说明了一件事：我们低估了正常生活中蕴含的发展力量。儿童需要一个安全的避风港，需要对他们好并站在他们身边的成年人。但是他们也需要他们自己的创造空间、发现空间，需要自由，需要和其他孩子待在一起。

是的，我们低估了儿童：他们必须玩耍，玩耍，玩耍。他们不是一个带附件的脑袋，他们需要玩伴，需要户外活动，需要活动中的快乐。如果不允许他们成长为属于自己的身体和感官，他们就很难长出翅膀。

"适合人类"的发展空间

对我来说，如果说这场新冠疫情表明了一件事，那就是：我们以前没有认真对待儿童的需求。这是多么可悲的事情。在这里，我想讲一下我的梦想：

如果每个社区、每个镇、每个区都有一个儿童乐园，换句话说，一个专门为儿童准备的、属于他们的、由他们玩耍的巨大区域，许多儿童会更好地度过这场新冠疫情。

如果日托中心和学校能够拥有接近自然的学习和游戏空间，课程成功的可能性就会大幅提升。

这听起来像幻想（有些亡羊补牢的意味），所以我想用一个例子来说明。

和你们一起出去玩！

2020年4月，德国正在激烈地讨论儿童及其机构在病毒传播中的作用。讨论一次又一次地转向关闭学校以控制新冠病毒的传播。大多数联邦州都引入了交替教学——分班，一部分在家里进行线上教学，另一部分在学校。

将课程搬到室外，而不是分班，甚至完全关闭学校？这些想法得到了讨论（例如在一个名为"理解儿童"的小博客上），但教育部没有具体的举措。在这里，讨论主要围绕着教室的通风问题进行，以及在什么情况下孩子们必须待在家里。

卡塞尔一所学校的班主任决定采取自己的策略：他想和他的班级一起使用城堡里宽敞的公园。莱纳·奈菲（Rainer Naefe）老师说："在暑假之前，我们不会再进入教室。"[2] 下雨的时候，可以利用公园里音乐会场地的天棚。他所实施的正是科学界自新冠疫情开始以来所认识到的：在这种大流行病中，室内区域是风险所在，而室外传播的风险很低。

学习研究还提到了户外学校教育除了医学方面的优势。通过对学生唾液中皮质醇含量的研究发现，孩子们在这里的压力更小。调查还表明，孩子们的学习积极性更高，在外面的活动量也多得多。而且，正如对丹麦的户外学校"Udeskole"的研究表明，这里的孩子更加快乐。同样有趣的是，在户外有更多的角色转换。在常规课程中倾向于被"挑战"的学生会主动参与进来并一起出力。小组的形成也是不同的，因为室内教学的"座位秩序"（这个概念真不怎么样！）不再适用了。

当然，这只有在准备工作正确的情况下才行得通，因为户外教育远不只是把室内教学原样搬到室外进行而已；它的关键是适当的学习目标和陪伴。毕竟，现在的教学研究对户外学习很感兴趣：它如何能成功？如何将室内学习的优势（它仍然存在）与户外学习的优势结合起来？[3] 从其他国家（如新西兰，那里的户外学习长期以来一直是常规学校课程的一部分；我们稍后将看看新西兰的情况）那里可以学到什么？对我来说，这些都是围绕新冠疫情后的现实而提出的严肃问题，迫切需要在教师培训中加以重视。[4]

还有一个例子，可供我们学习。因为考察成功案例是十分有价值的事情，尤其是在新冠疫情末期，在这场疫情中发生了太多不幸了。

我说的是一个案例吗？不，是许多案例。我们可以在德国最佳学校奖的网站上[5]看到这些案例，我把它们推荐给每个为学校发展寻找动力和灵感的人：一切皆有可能！正如弗兰克·瓦尔特·施泰因迈尔（Frank-Walter Steinmeier）在最近一次颁奖仪式上所说的那样，"凭借勇气、热情和创造力，就算是在危机时期，也能取得这样的成就"。这简直是不可思议的事情。

当时，鲁尔河畔的米尔海姆市诗人区小学[6]获得了德国最佳学校"教育公平奖"。我可以用很多篇幅来介绍这样的学校，那里学生的一天不是从经典课程开始，而是从集体晨会或者由学生们组织的迪斯科舞厅开始。在那里，自主学习占据了很大的空间。还有对学校的共同责任：学校应该是"美丽的"，也是在大家的共同努力下变"美丽的",这样就没有人随意地弄脏它了。

但是让我印象最深的地方是:

"友谊长椅是许多小而美好的想法之一,旨在使诗人区小学的生活变得更好。它放置在鲁尔河畔米尔海姆学校的入口处;有时,天气温暖,它就放置在花园里。这个想法很简单:如果一个孩子感到孤独或悲伤,他会坐在友谊长椅上。如果有人坐在那里,大家就不可以视而不见。学生或老师,每个人都必须停下来关心他,每个人都要过来看看。"[7]

在这里,我们再次遇到了本书的主题之一:成功。什么能有助于儿童在生活中取得成功?而成功是一个优先事项的问题,那么对我们来说,什么对孩子们是重要的?当涉及治愈新冠疫情带来的创伤时,这将是最重要的问题,这将是一项持续多年的任务。有几件事是肯定的:

为此,他们需要重新习惯自己的身体。

为此,他们需要再次无畏地面对这个世界。

为此,他们需要再次体验到能动性。作为创造者,作为重新常态化的世界的一部分;作为儿童,世界的发展有赖于他们。

因此,应该允许他们创造,重新认识对方,发挥创造力,发挥自主性。这也意味着允许他们使用他们的魔法——游戏,这个古老的魔法能够让他们从容面对恐惧和困难。无论是在剧院、大自然,还是在足球场上,现在必须允许他们做自己。

如果我们认为，作为父母或教育者，我们现在的任务是让孩子克服每一个困难，那么我们将失去他们。

将视线转向新西兰

因此，我们再一次把视线锁定在一个成功的案例上，这次是在世界的另一端。

我们要感谢一位母亲，她总结了她的三个孩子在新西兰教育系统中的经验。[8]我觉得，每个把孩子送到德国学校的人都应该读过这份报告（和这本书），有些人甚至读过两次。不是因为他们做的每件事都是对的，而是因为其中某些母题简直让人吃惊。例如毛利语词"Whanaungatanga"（亲如家人的关系），我把它翻译成"团结"：我们学校的人互相支持。这也意味着，当学校秘书生病时，高年级学生会接替其工作；我们去游泳的那片海滩，清洁由我们共同负责；我们还为隔壁养老院的老人提供有氧运动课程。

> "新西兰现行课程的初稿由……15000多名包括学生、教师、校长、家长、科学家和毛利人代表的团队共同编写。随后，邀请所有新西兰人发表评论。"[9]

还有一点，教师一直忙于在职培训，这是因为他们每三年都必须要更新他们的执照。"对于一名教师来说，在学校里做了一件伟大的事情，而其他人却没有注意到，这在新西兰几乎是不可能的。"

再有就是为自由做准备,例如"独行营"。毕业班的学生在森林中度过 48 小时,独自一人。在这段时间里,他们独处,彼此之间距离很远,听不到也看不到对方。他们有安全保障:每个人都有一个哨子,以防自己无法应付突发状况。但这绝不是为了让他们学习荒野求生。孩子们都随身携带他们需要的一切,包括书,甚至日记。随身携带的还有一些问题:你想感谢谁?是什么塑造了你? 6 个月后你想在哪里?

是的,我们当然必须找到我们自己的方式,但认真对待年轻人是我希望看到的一个核心内容。

只有当我们成年人允许自己被影响时,这才有可能。我们已经从我们的生活中删除了这么多的魔法,这么多的色彩,现在是时候让我们自己复苏了,为了我们的孩子,但最终是为了我们自己,这两者是密不可分的。

思维之窗：毅力

总有一些杰出的人物在他们的生活中取得了一些卓越的成就；他们发现或发明了一些全新的东西，他们远远领先于他们的时代，实施或创造了他们同时代大多数人几乎不敢梦想的事情。如果看一下他们的传记，你会发现，让这些人能够取得如此特别成就的，与其说是他们的学校教育，甚至是他们的大学学位，不如说是其他东西。他们表现出色的领域，是在学校里无法教授或学习的东西：他们知道自己想要什么，并以一种我们称之为"毅力"的内在态度追求自己的想法。他们也很勇敢，不认同同时代人的思维模式，顽强地寻找解决方案，是模式的打破者和特立独行者，有时也是相当疯狂的爱钻牛角尖的人和发明家。但他们不会轻易被说服和阻挠，从而放弃自己的想法，即使他们时常失败。他们总是以难以置信的毅力追求并实施对他们来说很重要的东西。圣雄甘地是这些特殊人物之一，约翰尼斯·开普勒、亨利·福特和马丁·路德·金也是如此。还有许多人，我们今天仍然对他们的成就感到钦佩。

他们所做的事情并不是为了让人羡慕。他们对名声和别人的认可不感兴趣，而是对解决问题感兴趣。这对他们来说是最重要的，他们会以最大的毅力去追求它。

这就是这些人与其他人的不同之处：既没有像样的教育，也没有任何杰出的成就，甚至没有可靠的友谊或牢固的伙伴关系。因此，毅力似乎是成功生活的一个非常重要的先决条件。

但是，我们如何学习取得成功所需的毅力呢？在家里，在幼儿园，还是在学校？

也许是，但也许不是。在哪里获得决定性的学习经验似乎并不重要，重要的是我们一定要拥有什么样的经验，以便这些特殊的网络能够在大脑前额叶中发展起来，而这正是我们能够以毅力追求目标所需要的。

如果一切总是按照我们希望的方式和最舒服的方式发生，那肯定是不行的。如果我们总是能预料到接下来会发生什么，会遇到什么，我们就不需要培养毅力了。以合理有利的方式等待和做出反应就足够了。如果一切都计划好了，准备好了，组织好了，细化到每一个细节，我们就不需要毅力了。我们要做的是兵来将挡水来土掩，一个接一个地解决我们遇到的问题。

事情没有按照我们的预期发展，我们遇到了阻力，生活不能以最佳方式计划和组织，而是充满荆棘，事情没有按照我们希望的那样发展，事情的结果总是与我们预想的不一样，这时我们就需要毅力了。

这正是培养孩子们毅力所需要的经验。唯一的问题是，如今孩子们还能在哪里有这样的经历。反正不能靠这些技术设备，因为它们总是被设计成一切都能正常工作的样子。

也不能依靠那些以可预测的方式使用的玩具。谁会愿意玩一个总是因为某种未知原因罢工的铁路模型，或者玩一个忽大忽小或者手脚不受控制总是乱动而导致无法换装的娃娃？

如果他／她清楚地知道，怎么做才能在学校取得好成绩，那么他／她还需要了解毅力的作用吗？在学校里最多能发展上进心和承受能力，而不是毅力。

然而在外面，在自由的大自然中不一样。在那里，孩子们接触到的世界不是由我们人类创造的世界，那里的生活仍然按照早就存在的规则和规律运行，不以我们的意志为转移。如果你想看松鸡求爱，在溪流里钓鳟鱼，或者在草地上抓蚱蜢，仅仅尝试了两三次后就放弃了，那你将永远无法成功。这些事需要坚持不懈。你必须做好准备接受失败，你必须不断提出新的策略以实现目标，如果没有直接的路径通向你想去的地方，你就必须做好走弯路的准备。

小孩子们仍在向我们展示他们是如何做到的：在他们最终能够用自己的腿走到他们想去的地方之前，他们多少次摔倒在地。他们以怎样的毅力反复练习在滑板车上保持平衡，或者在自行车上保持平衡，最终才能自由地用自己的力量骑车。

但是，随着年龄的增长，他们开始上学，他们不再被允许学习他们自己想学的东西，而是学习学校里教的东西，他们中的大多数人很快就失去了原来的毅力。于是，即使是那些继续坚持不懈地努力实现自己的想法并追求自己目标的人，也面临特别困难的时期。他们被塑造成局外人，被贴上"顽固的麻烦制造者"的标签。

只有少数人能够经受住这种考验。这就是为什么只有很少的人成年后能取得非常卓越的成就，并得到了很多人的认可，以至于后代们也能记住他们，并在以后的日子里以他们为榜样。如果我们为孩子们提供更多的机会，让他们体验到坚持不懈的好处，那我们也能从中受益。如果不具备我们所说的毅力，就连鼹鼠都不可能挖出它的地下隧道，不管什么动物都不可能在野外生存、交配和繁衍后代。在这方面，生机勃勃的大自然是比学校更适合学习的地方，在那里，毅力比承受能力更重要。承受能力是我们在生活中所需要的，至少作为一个乖巧恭顺的人，但不是作为一个富有创造力的设计师。

致谢
DANKSAGUNG

在写下这篇致谢的时候,我们恰好正坐在火炉边。是的,我们有一个壁炉。我们,指的是"经济奇迹"时期住在德国南部村庄的一家人,还有住在图林根州的一家人。壁炉旁是地球上最美妙的地方。根据一项古老的、不成文的法律,它是属于我们的。通过我们在那里收集和体验的印象,它是属于我们的。

因此,这本书要献给我们的父母,因为他们让我们奔跑,因为他们没有问我们口袋里的火柴是干什么用的,因为他们不相信火烟会导致癌症。

让皮球在草地上滚动整个夏天。爬树。在我们的树上,一根又一根树枝。如果我们看一下士瓦本的一家人,会看到一个一直住在那里的人——赫伯特的双胞胎兄弟——乌尔里希。就像小时候我们得到他的支持一样,这本书也得到了他的支持。没有他,就没有这本书。谢谢你,乌尔里希。

不,我们不是没人管教的孩子,因为我们被爱着。不知何故,我们生活在一个安全网中,一张由关心和亲密关系编织而成的网。但我们是自由的。

尾注与参考文献
ANMERKUNGEN UND QUELLEN

Chapter 1

1. Kaplan, H.: Evolutionary and Wealth Flows Theories of Fertility: Empirical Tests and New Models. *Population and Development Review* 20(4): 753-791, 1994.
2. Watson, J. B.: *Behaviorism* (revised edition). University of Chicago Press, 1930, S. 82.
3. 关系能力是教育中积极榜样的基础，参见：Wendy Grolnick, Robert Epstein, Eirini Flouri或Melissa Sturge-Apple的论文。他们的研究还表明，养育子女可以反映成年人与其伴侣以及与自己的相处是否融洽。
4. 关于积极情绪对榜样功能的影响（以学习吃饭为例）：Benton, D.: Role of parents in the determination of the food preferences of children and the development of obesity. *Int. J. Obes. Relat. Metab. Disord.* 2004 Jul; 28(7): 858 – 69; 以及：Hendy, H. M., Raudenbush, B.: Effectiveness of teacher modeling to encourage food acceptance in preschool children. *Appetite*. 2000 Feb; 34(1): 61-76.
5. Heinrich von Kleist: *Heinrich von Kleist: Aufsätze und kleine Schriften*, tredition classics, Hamburg 2012, Kapitel 8.
6. 关于自我效能的概念，参见：Mechthild Papoušek, etwa: Papoušek, H., Jürgens, U., & Papoušek, M. (Hrsg.) (1992): *Nonverbal vocal communication: Comparative and developmental approaches*. Cambridge University Press. 其他相关网络文献：www. papousek. de. 以及http://www.erziehungskunst.de/fileadmin/archiv_alt/2007/0907p003Gebauer.pdf.

7. 关于抱婴儿的习惯: Bourne, V., Todd, B.: When left means right: an explanation of the left cradling bias. *Developmental science, Jan 2004*.
8. 虽然人类大脑的两个半球密切合作，但它们专注于不同的能力。粗略地说，对于大多数人来说，可以假设左侧更多地服务于逻辑、语言、系统分析、理性决策；右边更倾向于"感觉识别"——在这里，感觉被无意识地识别和直观地处理，并且是在非常短的时间内。在与婴儿打交道时，我们倾向于使用我们的敏感性和感官与婴儿交流，对于大多数父母来说，右脑是使用更多的器官。我们还可以进一步解释: 来自身体左侧的感觉印象由于"信息高速公路"在大脑中交叉而最终会进入大脑的右半球。
9. 可靠的人际关系能够促进儿童对世界的探索: Schieche, M., Spangler, G.: Individual differences in biobehavioral organization during problem-solving in toddlers: the influence of maternal behavior, infant-mother attachment, and behavioral inhibition on the attachment-exploration balance. *Dev. Psychobiol.* 2005 May, 46(4): 293-306.
10. 如果您想要深入了解人际关系带来的安全感与自我效能之间的关系，可以阅读一下文章: https://www.kinder-verstehen.de/mein-werk/artikel/wie-verwoehnt-man-kinder/.
11. 儿童间的自我组织: Where Is the Child's Environment? A Group Socialization Theory of Development. *Psychological Review*, Band 102, Nr. 3, S. 458-489.sowie Burdette H. L., Whitaker R. C.: Resurrecting free play in young children: looking beyond fitness and fatness to attention, affiliation, and affect. *Arch. Pediatr. Adolesc. Med.* 2005 Jan, 159(1): 46-50.
12. "墙中洞"实验: http://www.hole-in-the-wall.com.
13. Mitra, S.: Self organising systems for mass computer literacy: Findings from the »Hole in the Wall« experiments. *Int. J. of Devel. Issues*, Vol. 4, No. 1 (2005): 71-81.

14. 混龄游戏以及学习: Gray, P.: The Special Value of Children's Age-Mixed Play. *Am. J. of Play*, 2011, volume 3, number 4. 网址: https://eric.ed.gov/?id=EJ985544; 以及Gray, P., Feldman, J.: Playing in the Zone of Proximal Development: Qualities of Self-Directed Age Mixing Between Adolescents and Young Children at a Democratic School, *Am. J. of Education*, 110 (2004), 108-145; 以及 Mounts, N. S., Roopnarine, J. L.: SocialCognitive Play Patterns in Same-Age and Mixed-Age Preschool Classrooms. *Am. Ed. Research J.*, Vol. 24, No 3, Fall 1987: 463-476.

Chapter 2

1. Roeper, M.: *Kinder raus: Zurück zur Natur: Artgerechtes Leben für den kleinen Homo sapiens*. Südwest 2011, S. 99.
2. 针对这个话题，我在另外一本书中有详细论述，详情请见: www.kinder-verstehen.de.
3. Marjorie Shostak: http://de.wikipedia.org/wiki/Marjorie_Shostak.
4. 从进化生物学视角看儿童混龄组: Lamb, M. E., Hewlett, B. S.: *Hunter-Gatherer Childhoods: Evolutionary, Developmental, and Cultural Perspectives* (Evolutionary Foundations of Human Behavior), Aldine Transaction 2005; 以及: Gray, P.: Play as a Foundation for Hunter-Gatherer Social Existence, *Am. J. of Play*, 4 (2009), 476-522.
5. 从进化生物学行为研究视角看儿童的社会化: Konner, M.: *The Evolution of Childhood: Relationships, Emotion, Mind*. Belknap Press of Harvard University Press, 2011; 以及 Panter-Brick, C.: *Hunter-Gatherers: an interdisciplinary perspective*, Cambridge University Press, 2001;以及 Hrdy, S.: *Mütter und Andere: Wie die Evolution uns zu sozialen Wesen gemacht hat*, Berlin Verlag 2010.

6. Richard Louv: *Leave no child inside*, 网址: https://orionmagazine.org/article/leave-no-child-inside/. 另见: Louv, R., *Das letzte Kind im Wald? Geben wir unseren Kindern die Natur zurück!* Beltz Verlag 2011, S. 25 ff.

7. 游戏在儿童发展中的作用（科普概述）: Brown, S.: *Play: How it Shapes the Brain, Opens the Imagination, and Invigorates the Soul*. Avery Trade 2010.

   游戏的作用（相关参考文献）: Pellegrini, A. D.: *The Role of Play in Human Development*, Oxford University Press 2009; 以及 Ginsburg, K.R., MD, MSEd and the Committee on Communications and the Committee on Psychosocial Aspects of Child and Family Health: The Importance of Play in Promoting Healthy Child Development. *Pediatrics* Vol. 119, No. 1, January 2007, pp. 182-191, 网址: https://www.publications.aap.org/pediatrics/article-split/119/1/182/70699/The-Importance-of-Play-in-PromotingHealthy-Child.

8. 关于直觉数学的总结性材料: Sarama, J., Clements, D. H.: Building Blocks and Cognitive Building Blocks - Playing to Know the World Mathematically. *Am. J. of play*, 1, 313-337, 网址: https://eric.ed.gov/?id=EJ1069014.

9. 关于直觉物理: Shayer, M., Ginsburg, D.: Thirty years on - a large anti-Flynn effect? (II): 13- and 14-year-olds. Piagetian tests of formal operations norms 1976-2006/7. *Brit. J. of Ed. Psych.* (2009), 79, 409-418.

10. Pohl, G.: *Kindheit - aufs Spiel gesetzt: Vom Wert des Spielens für die Entwicklung des Kindes*, Dohrmann-Verlag 2011, S. 36/37. (Springer Spektrum 2014).

11. 儿童在自然环境中的游戏行为, 总结性文献列表: Gebhardt, U.: *Die Bedeutung von Naturerfahrungen in der Kindheit*. 网址: http://

wildnisimherzen.de/downloads/Gebhard_Naturerfahrung.pdf.

12. 引文出处: Gebhard, U.: *Kind und Natur: Die Bedeutung der Natur für die psychische Entwicklung*. VS Verlag, 2009, S. 98.

13. 富有创造力的思想家以及亲近大自然: Cobb, E.: *The Ecology Of Imagination In Childhood*. Spring; Reprint edition, 1998; sowie Chawla, L.: Ecstatic Places. *Children's Environments Quarterly 7(4) (1990)*: 18–23. 网址: https://link.springer.com/chapter/10.1007/978-1-4684-8753-4_4.

14. 在人工环境中以及在自然环境中团体中的权力划分: Taylor, A. F., Wiley, A., Kuo, F. E.&Sullivan, W.C. (1998). Growing up in the inner city: Green spaces as places to grow. *Environment&Behavior*, (30)1, 3–27.

15. 引文出处: *Märchen für die Seele*. Königsfurt-Urania, 2010. www.welt.de/debatte/kommentare/article6070396/Die-Wahrheit-der-Maerchen.html.

16. 引文出处: *Abenteuer – Kinder brauchen sie*, in: bergauf, das Magazin des Österreichischen Alpenvereins 2/2012, 网址: https://www.alpenverein.at/portal_wAssets/docs/service/bergauf/pdf_downloads/bergauf_2012/Bergauf-2_12_ebook.pdf , S. 12.

17. 童年早期的纪律教育: Bueb, B.: *Lob der Disziplin*. Ullstein 2006. 书中提出了诸如此类的论断(55页):"婴儿缺乏文化、洞察力和纪律性。培养他们需要明确的权威和要求服从的意愿。"

18. Weber, A.: *Mehr Matsch! Kinder brauchen Natur*. Ullstein 2012, S. 49.

19. Mitscherlich, A.: *Die Unwirtlichkeit unserer Städte*. Suhrkamp, Frankfurt/M., 1965, S. 24.

20. Janusz Korczak: *Wie man ein Kind lieben soll*. Vandenhoek & Ruprecht 2012, S. 3.

21. 这句话出自软件工程师格雷迪·布奇(Grady Booch)。

22. Reed, E.: *The necessity of experience*, Yale University Press, 1996. In: Louv, R.: *Das letzte Kind im Wald?* Beltz Verlag, 2011, S. 90.
23. Günter Beltzig in: *Wirbelwind Spezial, 2012, JAKO-O Familienmagazin.*
24. 智商和职业成就: Stumm, S., Hell, B.,&Chamorro-Premuzic, T.: The hungry mind: Intellectual curiosity as third pillar of academic performance. *Perspectives on psych. Science*, 6/2011, 574-588.
25. 迈克尔·奥博特对摩加迪沙日常生活的报道: Obert, M.: Der Bürgermeister der Hölle, Süddeutsche Zeitung Magazin vom 20.4.12: http://sz-magazin.sueddeutsche.de/texte/anzeigen/37385.

Chapter 3

1. Renz-Polster, H.: Geburtsmodus und Allergien: Wie »lernt« das Immunsystem? Dt. Hebammen-Zeitschrift, 6/2012, S. 31.
2. Eliot, L.: *Was geht da drinnen vor.* Berlin Verlag, 2002, S. 393.
3. 母乳喂养的婴儿很少患乳糜泻: Ivarsson, A., et al.: Breast-feeding protects against celiac disease. *Am. J. Clin. Nutr.* 2002 May; 75(5): 914-21; sowie Silano, M., Agostoni, C., Guandalini, S.: Effect of the timing of gluten introduction on the development of celiac disease. *World J. Gastroenterol.* 2010 Apr 28; 16(16): 1939-42.
4. 运动与游戏欲望: http://www.ene-mene-fit.de/wissenswertes/elternkurs-bewegung.
5. Trudeau, F., Shephard, R. J.: Physical education, school physical activity, school sports and academic performance. *Int. J. of Beh. Nutrition a. Physical Activity*, 5/2008, 10.
6. Urashima M., et al.: Randomized trial of vitamin D supplementation

to prevent seasonal influenza A in schoolchildren. *Am. J. Clin. Nutr.* 2010 May; 91(5): 1255-60.
7. 最新的研究甚至将母亲孕期维生素D的摄入量与婴儿智力发育状况联系起来。Whitehouse A. J., et al.: Maternal serum vitamin D levels during pregnancy and offspring neurocognitive development. In: *Pediatrics*. 2012 Mar; 129(3): 485-93. doi: 10.1542/peds.2011-2644. Epub 2012 Feb 13.
8. 日光可有效地预防近视眼: Spiegel online: http://www.spiegel.de/wissenschaft/mensch/kinder-studie-tageslicht-schuetzt-vor-kurzsichtigkeit-a-599720.html; 以及French, A. N., et al.: Time outdoors and the prevention of myopia. *Exp. Eye Research*, 2 May 2013; 以及 Donovan L., et al.: Myopia progression in Chinese children is slower in summer than in winter. *Optom Vis Sci.* 2012 Aug; 89(8): 1196-202; sowie Sherwin J. C., et al.: The association between time spent outdoors and myopia in children and adolescents: a systematic review and meta-analysis. *Ophthalmology.* 2012 Oct; 119(10): 2141-51.
9. 内心满足感的根源,由美国心理学家德西和瑞安提出的自我决定理论: Deci, E.,&Ryan, R. (1993). 动机过程理论中的自我决定理论以及其对教育学的意义: *Zt. f. Pädagogik*, 39, 223-238; 类似的还有基于健康概念的健康本源学: Antonovsky, A.: *Salutogenese. Zur Entmystifizierung der Gesundheit*, dgvt, 1997.
10. 在户外玩耍得多的儿童睡眠质量更高: Harrison, Y.: The relationship between daytime exposure to light and night-time sleep in 6-12-week-old infants. J. *Sleep Res.* 2004 Dec; 13(4): 345-52.
11. 户外活动得多与集中精力: Wells, N. M.: At Home with Nature: Effects of »Greenness« on Children's Cognitive Functioning. *Env.&Behavior.* Vol. 32, No. 6, 775-795.
12. Bringslimark, T., Hartig, T., & Patil, G. G.: Adaptation to

windowlessness: Do office workers compensate for a lack of visual access to the outdoors? *Env.&Behavior*, 43/2011, 469-487; 以及 Doxey, J. S., Waliczek, T. M.: The Impact of Interior Plants in University Classrooms on Student Course Performance and on Student Perceptions of the Course and Instructor. *Hortscience*, 2009; 44: 384-391.

13. 大自然经历对儿童身体和心理的影响: Lohr, V.: Greening the Human Environment: The Untold Benefits, 网址: http://www.hort.purdue.edu/newcrop/acta/lohr.pdf.

14. Ulrich, R. S.: View through a window may influence recovery from surgery. *Science* 224/1984: 420-421.

15. 多动症,大脑可能出现的变化以及其他症状: Ducharme, S., et al.: Decreased regional cortical thickness and thinning rate are associated with inattention symptoms in healthy children. *J. Am. Acad. Child Adolesc. Psychiatry*. Jan 2012; 51(1): 18-27.e2;以及 Zainab, P.: Contractor: Pediatric Attention Deficit Hyperactivity Disorder. http://emedicine.medscape.com/article/912633-clinical.

16. 食品中的农药残留与多动症: Bouchard M. F., et al.: Attention-deficit/hyper activity disorder and urinary metabolites of organophosphate pesticides. *Pediatrics* 2010 Jun; 125:e1270.

17. 多动症与儿童在童年早期对情绪和情感的控制能力: Hemmi, M. H., Wolke, D., Schneider, S.: Associations between problems with crying, sleeping and/or feeding in infancy and long-term behavioural outcomes in childhood: a meta-analysis. *Arch. Dis. Child* 2011;96: 622-629.

18. 多动症与适应问题: Elder et al.: The importance of relative standards in ADHD diagnoses: Evidence based on exact birth dates. *J. of Health Economics*, 2010; sowie Morrow, R. L., et al.: Influence of relative age on diagnosis and treatment of attention-

deficit/hyperactivity disorder in children. *CMAJ*. 2012 April 17; 184(7): 755-762.

19. Bruchmüller, K., Margraf, J., Schneider, S.: Is ADHD diagnosed in accord with diagnostic criteria? Overdiagnosis and influence of client gender on diagnosis. *J. of Cons.&Clin. Psych*. 2012.

20. 阿尔弗雷德·亚当（Alfred Adam）的话出自：»Es kann ein Segen sein«, *Süddeutsche Zeitung* vom 2./3. Februar 2013, 网址: http://www.sueddeutsche.de/gesundheit/adhs-medikament-ritalin-es-kann-ein-segen-sein-1.1589508.

21. 多动症与自然经历: Kuo, F. E., Taylor, A. F.: A Potential Natural Treatment for Attention-Deficit/Hyperactivity Disorder: Evidence From a National Study. *Am. J. Public Health*. 2004 September; 94(9): 1580-1586;以及 Faber Taylor, A., Kuo, F. E.: Children with attention deficits concentrate better after walk in the park. *J. Atten. Disorders* 12/2009: 402-409.

22. Richard Louv: Leave no child inside, 网址: https://orionmagazine.org/article/leave-no-child-inside/. Siehe auch: Louv, R., *Das letzte Kind im Wald? Geben wir unseren Kindern die Natur zurück!* Beltz Verlag 2011, S. 25 ff.

Chapter 4

1. Honoré, C.: *Under Pressure*, HarperOne 2002, S. 4.
2. John Paul Smith: *Where did you go? Out. What did you do? Nothing*. WW Norton&Co 1957.
3. nach Frank Furedi, in: Furedi, F.: *Paranoid Parenting*, New York, A Capella Books 2002, S. 13.

Chapter 5

1. Sibylle Berg: Die Dummheit der Alten, *Spiegel online* vom 29.9.2012. 网址: http://www.spiegel.de/kultur/gesellschaft/sibylle-berg-verbloedete-jugend-und-die-dummheit-der-alten-a-858482.html.
2. Geert Loovink, aus: Ich blogge, also bin ich, *DIE ZEIT*, 19.12.2007, Nr. 52, 网址: http://www.zeit.de/2007/52/Interview-Geert-Lovink.
3. Susan Greenfield, aus: *Süddeutsche Zeitung*, 11./12.8.2012.
4. 读者来信出自: »Fortbildung im Computerspiel«, *FAZ*, 27.4.2009, S. 8.
5. 媒体消费与问题人格: Dornes, M.: *Die Modernisierung der Seele: Kind-Familie-Gesellschaft*. Fischer 2012.
6. 事实上，媒体研究表明，媒体消费中的问题行为与心理社会发展过程中的问题密切相关。过度的媒体消费往往对在心理社会发展过程中本就出现了问题的儿童产生升级的有害影响，例如，增加他们的攻击性或使他们变得残暴。媒体本身并不"创造"发展障碍，但在某些条件下会加剧这些障碍。问题儿童中媒体消费的负面效应不断升级: Petzold M.: *Die Multimedia-Familie. Mediennutzung, Computerspiele, Pers?nlichkeitsprobleme und Kindermitwirkung in Medien*. Leske + Budrich 2000.
7. "经常吃土豆与保持健康的相关性几乎和技术使用与保持健康的相关性一样，关联甚微，而戴眼镜与保持健康的相关性则更小。"(Amy Orben and Andrew Przybylski 2019) (https://www.nature.com/articles/s41562-018-0506-1).
8. 参见: Jean Twenge, Jonathan Haidt, Thomas Joiner and William Keith Campbell (https://www.nature.com/articles/s41562-020-0839-4).
9. 电脑游戏与智商: Kühn, S., The IMAGEN Consortium: The neural

basis of video gaming. *Translational Psychiatry* 1/2011, e53 网址: https://www.nature.com/articles/tp201153.
10. https://www.sciencedirect.com/science/article/abs/pii/S0749379720305018.
11. 电脑游戏与抑郁症的治疗: Merry, S. N., et al.: *The effectiveness of SPARX, a computerised self help intervention for adolescents seeking help for depression: randomised controlled non-inferiority trial. BMJ.* 2012 Apr, 18; 344: e2598.
12. 电脑游戏用于治疗阅读障碍: Franceschini, S., et al.: Action Video Games Make Dyslexic Children Read Better. *Current Biology*, 2013.
13. "实体的"休闲活动比互联网更重要: Dworschak, M., 2010: Null Blog. 网址: http://www.spiegel.de/spiegel/print/d-72462721. html.
14. 这一分析的部分内容发表于 2021 年年中《纽约时报》的一篇文章中: https://www.nytimes.com/2021/07/31/opinion/smartphone-iphone-social-media-isolation.html.
15. https://www.sciencedirect.com/science/article/pii/S0140197121000853.
16. 图表数据来源: Jean M. Twenge, Jonathan Haidt, et al.: *Worldwide increases in adolescent loneliness*. (https://doi.org/10.1016/j.adolescence.2021.06.006)
17. "宝贝爱因斯坦"看得越多, 词汇量就越少: Zimmerman, F. J., Christakis, D. A., Meltzoff, A. N.: Associations between Media Viewing and Language Development in Children under Age 2 Years. *J. of Pediatrics* 151 (4): 364-368.
18. Hart, B., Risley, T. R.: *Meaningful Differences in the Everyday Experience of Young American Children*. Brookes Publishing, 1995.
19. "评论性语言"的缺失与语言发展: Keller, H., Otto, H.: The

cultural socialization of emotion regulation during infancy. *J. of CrossCultural Psych.*, 40/2009, 996-1011.

20. 和"活的"人玩耍与语素的切分：Kuhl, P. K., Tsao, F.-M., Liu, H.-M.: Foreign-language experience in infancy: Effects of short-term exposure and social interaction on phonetic learning. *Proc. Natl. Acad. Sci. USA*. 2003 July 22; 100(15): 9096-9101; sowie Jusczyk, P. W.: How infants begin to extract words from speech. *Trends Cogn. Sci.* 1999 Sep; 3(9): 323-328.

21. Werker, J. F., Yeung, H. H.: Infant speech perception bootstraps word learning. *Trends Cogn. Sci.* 2005 Nov; 9(11): 519-27.

22. 语言发展，"语言游戏"的作用：Goldstein, M. H., Schwade, J. A. Social feedback to infants' babbling facilitates rapid phonological learning. *Psych. Science* 2008, 19: 515-23.

23. 语言发展，适应儿童发展的可能性：TamisLeMonda, C. S., Bornstein, M. H., Baumwell, L.: Maternal responsiveness and children's achievement of language milestones. *Child Dev.* 2001 May-Jun; 72(3): 748-67.

24. 实验甚至表明，过多的语言可能会适得其反，即当它不适应婴儿的"内在问题"时。那些不断向孩子灌输词语的人增加了词语被"误标"的风险，例如，孩子在拿着勺子的时候会听到"盘子"。实验表明，这使词语的掌握陷入了困境。

25. 语言发展，儿语：http://en.wikipedia.org/wiki/Baby_talk.

26. 一般来说，手势似乎在语言习得中起着重要作用（这并不奇怪，因为口头言语是从通过面部表情和手势进行交流演变而来的）。当我们直接向婴儿说话时，婴儿会不由自主地移动他们的胳膊和腿。这可能有助于巩固语言印象。说话人的手势也直观地提供了一种学习的框架：儿童的社会环境越丰富，他们就越有可能在其中做手势！父母在与15个月以下的婴儿谈论某种物体（如一串钥匙）时，同时移动手中的物体（英语中被称为"motionese"，即婴幼儿定向的动作语），而且还不断地用点缀性的手势来配合他们的讲话。这可能是由于人的大脑处理手势的区域与处理语言的区域相同。因此，语言学家戈尔丁-米道（Goldin-Meadow）的这句话并不牵强："在语言习得中，手为语言铺平了道路"。这句话甚至适用于大一些的儿童理解数学公式的过程。如果老师用手势作为用语言解释数学公式的补充，学生就会更好地理解其中的联系。McAllister, A., Peterson, C.: A Longitudinal Study of Child Siblings and Theory of Mind Development. *Cognitive Development* 22 (2007), 258-70; 以及 Ruffman, T. et al.: Older (But Not Younger) Siblings Facilitate False Belief Understanding. *Devel. Psych.*, 34 (1998), 161-74.

27. 在儿童间的游戏中促进语言发展：Bailey, D. B., Burchinal, M. R., McWilliam, R. A.: Age of Peers and Early Childhood Development, *Child Development* 64 (1993): 848-62.

28. 这也解释了为什么儿科医生认为语言发展是社会发展的一个"分支"。孩子的社会关系越丰富，压力越小，孩子就越容易获得语言（注意，这并不意味着孩子因此就能比别人快，孩子通过理解生产词语的速度因人而异，差别很大！）。

29. 对"语言训练"方法的评估：Hofmann, N., Polotzek, S., Roos, J., Schöler, H.: *Sprachförderung im Vorschulalter – Evaluation dreier Sprachförderkonzepte. Diskurs Kindheits- und Jugendforschung*, 网址：https://www.budrich-journals.de/index.php/diskurs/article/download/173/159.

30. 在日常关系中，儿童有越多的机会来接触其他人的思维世界，这种发展就越容易。当儿童在一个成功的"依恋系统"中成长（即当他们能够与照顾者保持感情细腻、可靠的关系），与兄弟姐妹一起成长时，他们会在这方面具有优势，这一点也不奇怪。

31. 安德烈斯·韦伯（Andreas Weber）的话语出自：Weber, A.: *Minima Animalia – ein Stundenbuch der Natur*. Think Oya-Verlag, 2012, S. 16.

32. 小巴斯蒂安的话语出自：Pohl, G.: *Kindheit – aufs Spiel gesetzt:*

Vom Wert des Spielens für die Entwicklung des Kindes. Dohrmann-Verlag 2011, S. 40.

33. 由人类抚养的灵长目动物的发展: Kosseff, L.: *Primate use of language*, 网址: http://www.pigeon.psy.tufts.edu/psych26/language.htm.

34. 华秀（Washoe）的手语: http://en.wikipedia.org/wiki/Washoe_%28chimpanzee%29, 另见: Fouts, R. und Mills, S. T.: *Unsere nächsten Verwandten. Von Schimpansen lernen, was es heißt Mensch zu sein.* Limes Verlag 1998.

35. 在这个年龄段，想象力、创意和游戏想法的首要地位，也可以解释为什么有些家长的担心是没用的，他们担心自己的孩子如果不接触最新的东西或最新的电脑游戏，就会在群体中被甩在后面。一个孩子作为游戏伙伴是否有吸引力，取决于他或她是否有好的想法，是否能很好地照顾团体和游戏过程。这与他们是否能给团体带来很棒的玩具没有关系。

36. 黑塞的诗歌《国王的孩子》出自: ders., *Sämtliche Werke*, Bd. 10, Suhrkamp Verlag 2002.

37. 儿童和玩偶，这甚至适用于其他灵长目动物: Kahlenberg, S. M., Wrangham, R. W: Sex differences in chimpanzees' use of sticks as play objects resemble those of children. *Current Biology*, Volume 20, Issue 24, R1067R1068, 21 December 2010.

38. 灵活使用规则对于富有成效和令人满意的游戏至关重要，特别是在混合年龄组中。根据游戏情况和玩家的年龄，对规则进行修改、打破或重新设计，使每个参与游戏的人都能一起玩。在这种灵活的规则设置下，必须了解其他人的意愿和禁忌，必须要有协商和解释。正是这些主体间的交流沟通推动了儿童的发展，而不是规则本身。

39. 马尔特·罗珀的话语出自: Roeper, M.: *Kinder raus: Zurück zur Natur: Artgerechtes Leben für den kleinen Homo sapiens.* Südwest 2011, S. 96.

40. 这就是为什么一些"旧媒体"比新的视频应用程序更适合小孩子的原因。

事实上，直到今天，没有什么比所有媒体中最古老的"口头叙述"更适合儿童的接受需求了。根据儿童的反应，可以补充、变化、缩写。可以说，故事是针对儿童的世界、节奏和心理状态量身定制的。基于图片（无论是在纸板还是平板电脑上）而讲述的故事也为不同个体的接受留下了足够的空间。但在这里，图画书实际上也只是"关系云"中的一种成熟的媒介。儿童也会提出自己的要求：他们想让爸爸妈妈读，想听故事，想得到解释……因此，如果孩子可以先选择一本图画书并把它拿过来，而不是简单地按下一个图标，这也许是一件好事。

41. Theunert, H.: Medienaneignung in frühen Stadien der Kindheit, *TPS* 3/2013, S. 16.
42. Tanja Dückers in: DIE ZEIT *Spielen? Nur, wenn es fördert*. 02.12.2012. 网址：http://www.zeit.de/gesellschaft/2012-10/kinder-computerspiele.
43. 一般来说，当涉及到道德话题时，就会出现某种双重标准。例如，"价值观教育"长期以来一直是教育学的一个组成部分，而在这里，分享往往被宣传为一种价值观。这很了不起，因为，虽然让沙坑里的小孩子分享他们的铲子真的很难（他们不会跟别人分享自己的小铲子，正如坐在周围的成年人不会跟别人分享自己的手机或汽车）。但另一方面，仅仅几年后，要让孩子们接受除了公平分配以外的其他分配形式也同样困难。例如，幼儿园的孩子绝不会接受他们桌子上的一个孩子得到五个QQ糖而另一个孩子只得到一个，这不是教育努力的结果，而是孩子们本身就这样。他们坚持要求"公平"分配。这使我们的"价值观教育"处于真正的两难境地。因为在现实世界中，在我们作为成年人工作和消费的地方，根本就不存在公平。或者说，我们上次要求在成年人之间更公平地分配铁锹是什么时候？
44. https://de.wikipedia.org/wiki/Belohnungsaufschub.

Chapter 6

1. 迈克尔·格拉泽曼（Michael Grasemann）的话语出自：*Oya Magazin*

15/2012, 网址: http:// www.oya-online.de/article/read/739.html.
2. Renz-Polster, H., Menche, N., Schäffler, A.: *Gesundheit für Kinder: Kinderkrankheiten verhüten, erkennen, behandeln: Moderne Medizin – Naturheilverfahren – Selbsthilfe.* Kösel 2012.
3. 德国儿童医学研究院针对被称为TBE的森林脑炎的态度: http://dgpi.de/go/wp-content/uploads/2012/12/FSME_rev_Stellungnahme.pdf.
4. 包柔氏螺旋体感染: Robert Koch Institut: Epidemiologisches Bulletin 10.4.2012, online unter: http://www.rki.de/DE/Content/Infekt/EpidBull/Archiv/2012/Ausgaben/14_12.pdf?__blob=publicationFile.

   包柔氏螺旋体感染以及致病概率: Robert Koch Institut: Epidemiologisches Bulletin 29.3.2010, 网址: http://www.rki.de/DE/Content/Infekt/EpidBull/Archiv/2010/Ausgaben/12_10.pdf?__blob=publi cationFile.
5. 在户外玩耍的儿童对伤害和疾病的易感性, 儿童与户外和大自然接触的健康益处: http://eclkc.ohs.acf.hhs.gov/hslc/tta-system/teaching/eecd/nature-based-learning/Research/health-benefits-from-outdoor.pdf.
6. 《公共游乐场安全手册》引自: Graw, A.: Hochsicherheits-Spielplätze verunsichern Kinder. *Die Welt*, 19.7.2011, 网址: http://www.welt.de/vermischtes/article13496149/Hochsicherheits-Spielplaetze-verunsichern-Kinder.html.
7. 在安全的地面上进行风险较大的跳跃: Tierney, J.: Can a Playground be too safe? *New York Times* 18.7.2011, 网址: http://www.nytimes.com/2011/07/19/science/19tierney.html?_r=0
8. 关于每天有多少儿童在户外活动, 儿童和青少年健康调查（KiGGS）的结果, 发表于《联邦卫生公报》2007年5/6月, 文章摘要网址: http://www.rki.de/DE/Content/Gesundheitsmonitoring/Studien/Kiggs/Basiserhebung/Pressemappe_2007/ Zusammenfassung.pdf?__

blob=publicationFile

Chapter 7

1. Roseth, C. J., et al.: Preschoolers' bistrategic resource control, reconciliation, and peer regard. *Social Dev.* 20/1, February 2011, 185-211.
2. 推荐阅读书目: Miriam Gebhardt: *Die Angst vor dem kindlichen Tyrannen: Eine Geschichte der Erziehung im 20. Jahrhundert*, Deutsche Verlags Anstalt 2009.
3. 对此，医学界也发挥了重要的作用，很可惜他们的作用并不完全是值得称赞的。在神圣罗马帝国和德意志帝国时期，对儿童进行的冷酷的、没有感情的、残酷的治疗，其所谓的科学依据其实是这样的：例如，婴儿"眼泪的形成"，"不能被描述为真正的哭泣，它只在第一年末开始出现明显的情感"。总的来说，婴儿被视为"没有精神功能的脊椎动物"，他们甚至被认为没有疼痛的感觉（这导致婴儿常常在没有麻醉的情况下接受手术）。即使是 "小便失禁"和"顶嘴"之类所谓的恶习，也总是有医生用残酷的治疗或精神"疗法"来对待。(引述自米里亚姆·盖布哈特[Miriam Gebhardt]2009)。
4. 能力培养作为教育事业的主旋律: Keller, H.: Socialization for competence. Cultural models of infancy. *Human Development*, 46(5), 2003, 288-311.
5. 教育作为社会权力问题: Manz, F.: *Wenn Babys reden könnten!: Was wir aus drei Jahrhunderten Säuglingspflege lernen können*. Rademann 2011; 以及 Chamberlain, S.: *Adolf Hitler, die deutsche Mutter und ihr erstes Kind: über zwei NS-Erziehungsbücher*. Psychosozial-Verlag 2010; 以及Gebhardt, M.: *Die Angst vor dem kindlichen Tyrannen: Eine Geschichte der Erziehung im 20. Jahrhundert*. Deutsche Verlags Anstalt 2009.

6. 毫不奇怪，对能力的期望，以及对于人和儿童的形象构想，包括教育方法，在各个社会阶层之间，在各个亚文化之间是非常不同的。每个阶级都形成了自己对孩子的期望视野，可以说是以社会的和经济的理想以及可实现的东西为导向的。

7. "小科学家之家"倡议的目标：http://www.haus-der-kleinen-forscher.de/de/ueberuns/die-stiftung/.

8. 尔根·克鲁格（Jürgen Kluge）教授、博士话语出处：*KiTa aktuell NRW*, Nr. 01/2006, S. 13‑16, 网址：http://www.kindergartenpaedagogik.de/1132.html.

9. 成功的学前外语学习框架条件：Sarter, H.: »Frühes Sprachenlernen in Kindergarten und Grundschule«, 网址：http://www.blk-bonn.de/papers/forum-bildung/band13.pdf.

10. 早教与入学后的学习成绩之间的关系：Marcon, R. A.: Moving up the grades: Relationship between preschool model and later school success. *Early Childhood Research &. Practice*, 4(1) 2002; 以及 Puhani, P. A., Weber, A. M.: Does the Early Bird Catch the Worm? Instrumental Variable Estimates of Educational Effects of Age of School Entry in Germany. *IZA Discussion Paper* No. 1827, October 2005, 网址：ftp://ftp.iza.org/dps/dp1827.pdf.

11. 这也适用于"自然科学"教育，它的认知方法往往会削弱而不是加强儿童对自然的经验性理解。这方面有两个有趣的文献：Salman Ansari: »Naturerfahrung ist nicht Naturwissenschaft«(http://www.wanderforschung.de/files/naturerfahrung-ansari1335968702.pdf), 以及 Rainer Brämer: »Was hat der naturwissenschaftliche Unterricht mit Natur zu tun?« (https://www.natursoziologie.de/files/nunatur1368176062.pdf).

12. 儿童的运动能力：Bös, K., et al.: *Das Nationale Motorik-Survey*, 网址：http://www.sportwissenschaft.de/fileadmin/img/gremien/ad_hoc/motorischetests/giessen_2007-01-26-boes2.pdf.

13. 一位母亲不相信自己能教育好自己两岁的女儿: http://schortens-langt-zu.de/?p=216.
14. 森林幼儿园及发展水平: Kiener, S.: zum Forschungsstand über Waldkindergärten, *Schweiz Z. Forstw*. 2004.
15. 奥地利的儿童小组，瑞士的游戏小组: http://www.kindergruppen.at/ 以及 http://www.spielgruppe.ch.
16. 一个很棒的案例: v. Ochssenstein-Nick: *Kleine Naturspielkinder. Naturpädagogik in den ersten 3 Lebensjahren*. Westerman 2022.
17. 例如: www.vierfelderhof-bauernhofkindergarten.de.
18. http://www.handlungspaedagogik.org/.
19. SchülerInnen organisieren ihre Schule selbst z. B.: www.methodos-ev.org.
20. https://www.deutscher-schulpreis.de.
21. 书籍: Ulrike Kegler: Lob den Lehrer*innen: *Wer Beziehungen stärkt, macht Schule gut. Ein Weckruf*. Beltz 2018; Margret Rasfeld und Peter Spiegel: *EduAction – Wir machen Schule*. Murmann 2012; Remo H. Largo: *Lernen geht anders: Bildung und Erziehung vom Kind her denken*. Piper 2012. 网页: www.schule-im-aufbruch.de: "现在是时候从根本上重新思考我们的学校了。一个全球化的世界，强大的变化动力，日益增长的信息洪流以及更多的东西，使我们有必要对学习和教育有一个新的、适合当下时代发展的理解……"
22. 伴读犬: »Wer regelmäßig zum Lesehund geht, liest besser«, *Süddeutsche Zeitung*, 5.2.2013, 网址: http://www.sueddeutsche.de/bildung/hunde-als-lernhilfe-lesen-frei-schnauze-1.1590699-2 以及 http://www.lesehund.de/.
23. 个性的发展: Harris, J.: *Jeder ist anders. Das Rätsel der Individualität*. DVA 2007
24. 不来梅的儿童野外体验区: https://www.bund-bremen.net/kiwi/.
25. 儿童作为小园丁: http://www.ene-mene-fit.de/kindergaertnerei/die-

idee.

26. 户外生日: https://www.bund-bremen.net/natur-erleben/natur-freizeit/natur-feste/.
27. Armgard Schörle: *Spielend in die Kraft. Über das Erfinden stärkender Spiele und Geschichten in Therapie und Pädagogik*. Schörle HJ, 2021.
28. 森林俱乐部: https://www.bund-bremen.net/naturerleben/natur-freizeit/kinder-und-jugendgruppen/wald-und-wildnisgruppen/.
29. 露营篝火: http://www.ene-mene-fit.de/am-lagerfeuer/die-idee.
30. 有腿的公交车: http://www.ene-mene-fit.de/bus-auf-beinen/die-idee.
31. 自然体验空间: http://de.wikipedia.org/wiki/Naturerfahrungsraum http://naturerfahrungsraum.de/pdfs/kinder_u_natur_in_ der_stadt.pdf.
http://www.landschaft.tu-berlin.de/fileadmin/fg218/Forschung/Naturerfahrungsraeume_Berlin_Vorstudie.pdf.
32. 在这里，我们想推荐一个非常有趣的网站: www.natursoziologie.de 它涉及许多关于环境和自然教育的问题，包括过度教育的危险（http://www.wanderforschung.de/files/nattextvornach1230576817.pdf）。

Chapter 8

1. 安德烈斯·韦伯话语出处: Weber, A.: *Mehr Matsch! Kinder brauchen Natur*. Ullstein 2012, S. 50.
2. https://unterrichtimwald.de/ sowie https://draussenunterricht.de/ 以及 https://www.draussenunterrichten.ch.
3. https://www.spiegel.de/panorama/bildung/schule-in-corona-zeiten-lernen-kinder-draussen-besser-als-drinnen-a-f115161c-0002-0001-0000-000177330693

4. https://www.spiegel.de/panorama/bildung/schule-in-corona-zeiten-lernen-kinder-draussen-besser-als-drinnen-a-f115161c-0002-0001-0000-000177330693.
5. https://www.deutscher-schulpreis.de.
6. https://ggschule-am-dichterviertel.com/word/.
7. Paul Munzinger, Süddeutsche Zeitung. https://www.sueddeutsche.de/politik/deutscher-schulpreis-coronavirus-1.5289831.
8. https://www.zeit.de/gesellschaft/schule/2019-12/bildung-neuseeland-schulen-lehrer-kinder-lernen 以及 Verena Friederike Hasel: Der tanzende Direktor: *Lernen in der besten Schule der Welt*. Kein&Aber 2019.
9. https://www.zeit.de/gesellschaft/schule/2019-12/bildung-neuseeland-schulen-lehrer-kinder-lernen.